대한민국 법령 시리즈 384

혈액관리법

법령

시행령

시행규칙

해광출판사

머리말

이 책은 방대한 법전을 보지 않고 간편하게 해당되는 법령만 참고해서 볼 수 있도록 하였습니다. 공공기관이나 관련 종사자들이 쉽고 간편하게 해당 법령을 참조 할 수 있도록 하였습니다.

특히 해당법률은 물론 관련 시행령, 시행규칙을 함께 실어 관련법을 서로 참고할 수 있게 하였습니다.

법률이라는 것이 크든 작든 항상 변하는 관계로, 출간 이후의 정확하고 최신의 법률은 법제처 국가법령정보센터에서 확인이 가능하니 법률의 실제 적용 시 확인이 필요한 점 유의하기를 바랍니다.

편집부

* 수록 법률은 법제처 국가법령정보센터에서 확인 가능합니다.
* 발행일 기준 시행 법률이므로 최신 법령은 위 센터에서 볼 수 있습니다.
* 본 책자에 수록된 법률의 문구에 대하여 법적인 효력은 없으며,
  실제 적용 법률은 위 센터에서 최신의 법률로 확인하시기 바랍니다.
* 해당 법령과 함께 시행령, 시행규칙도 수록되어 있습니다.
* 발행일 기준으로 개정 예정 법률은 밑줄로 별도 표시되어 있으며,
  보다 정확한 것은 법제처에서 확인하기 바랍니다.

목차

혈액관리법

[시행 2023. 6. 22.] [법률 제18626호, 2021. 12. 21., 일부개정]

**개정 예정 법률 밑줄 별도 표시.

혈액관리법

[시행 2023. 6. 22.] [법률 제18626호, 2021. 12. 21., 일부개정]

제1조(목적) 이 법은 혈액관리업무에 관하여 필요한 사항을 규정함으로써 수혈자와 헌혈자(獻血者)를 보호하고 혈액관리를 적절하게 하여 국민보건의 향상에 이바지함을 목적으로 한다.

[전문개정 2012. 10. 22.]

제2조(정의) 이 법에서 사용하는 용어의 뜻은 다음과 같다. 〈개정 2021. 3. 23., 2021. 12. 21.〉

1. "혈액"이란 인체에서 채혈(採血)한 혈구(血球) 및 혈장(血漿)을 말한다.

2. "혈액관리업무"란 수혈(輸血)이나 혈액제제(血液製劑)의 제조에 필요한 혈액을 채혈·검사·제조·보존·공급 또는 품질관리하는 업무를 말한다.

3. "혈액원"이란 혈액관리업무를 수행하기 위하여 제6조제3항에 따라 허가를 받은 자를 말한다.

4. "헌혈자"란 자기의 혈액을 혈액원에 무상(無償)으로 제공하는 사람을 말한다.

5. "부적격혈액"이란 채혈 시 또는 채혈 후에 이상이 발견된 혈액 또는 혈액제제로서 보건복지부령으로 정하는 혈액 또는 혈액제제를

말한다.

6. “채혈금지대상자”란 감염병 환자, 약물복용 환자 등 건강기준에 미달하는 사람으로서 헌혈을 하기에 부적합하다고 보건복지부령으로 정하는 사람을 말한다.

7. “특정수혈부작용”이란 수혈한 혈액제제로 인하여 발생한 부작용으로서 보건복지부령으로 정하는 것을 말한다.

8. “혈액제제”란 혈액을 원료로 하여 제조한 「약사법」 제2조에 따른 의약품으로서 다음 각 목의 어느 하나에 해당하는 것을 말한다.

가. 전혈(全血)

나. 농축적혈구(濃縮赤血球)

다. 신선동결혈장(新鮮凍結血漿)

라. 농축혈소판(濃縮血小板)

마. 그 밖에 보건복지부령으로 정하는 혈액 관련 의약품

8의2. “원료혈장” 이란 혈액제제 중 혈장분획제제(혈장을 원료로 일련의 제조과정을 거쳐 얻어진 의약품)의 제조를 위하여 혈액원이 혈장분획제제 제조업자에게 공급하는 혈장을 말한다.

9. “헌혈환급예치금”이란 제14조제5항에 따라 수혈비용을 보상하거나 헌혈사업에 사용할 목적으로 혈액원이 보건복지부장관에게 예치하는 금액을 말한다.

10. “채혈”이란 수혈 등에 사용되는 혈액제제를 제조하기 위하여 헌혈자로부터 혈액을 채취하는 행위를 말한다.

11. “채혈부작용”이란 채혈한 후에 헌혈자에게 나타날 수 있는 혈관미주신경반응 또는 피하출혈 등 미리 예상하지 못한 부작용을 말

한다.

[전문개정 2012. 10. 22.]

제3조(혈액 매매행위 등의 금지) ① 누구든지 금전, 재산상의 이익 또는 그 밖의 대가적 급부(給付)를 받거나 받기로 하고 자신의 혈액(제14조에 따른 헌혈증서를 포함한다)을 제공하거나 제공할 것을 약속하여서는 아니 된다.

② 누구든지 금전, 재산상의 이익 또는 그 밖의 대가적 급부를 주거나 주기로 하고 다른 사람의 혈액(제14조에 따른 헌혈증서를 포함한다)을 제공받거나 제공받을 것을 약속하여서는 아니 된다.

③ 누구든지 제1항 및 제2항에 위반되는 행위를 교사(敎唆)ㆍ방조 또는 알선하여서는 아니 된다.

④ 누구든지 제1항 및 제2항에 위반되는 행위가 있음을 알았을 때에는 그 행위와 관련되는 혈액을 채혈하거나 수혈하여서는 아니 된다.

[전문개정 2012. 10. 22.]

제4조(국가와 지방자치단체의 책무) 국가와 지방자치단체는 적극적인 헌혈기부문화를 조성하고 건강한 국민의 헌혈을 장려할 수 있도록 대국민 교육 및 홍보 등 필요한 지원책을 수립ㆍ시행하여야 한다.

[본조신설 2020. 12. 29.]

[종전 제4조는 제4조의3으로 이동 〈2020. 12. 29.〉]

제4조의2(국가헌혈추진협의회 구성 및 운영) ① 제4조에 따른 책무를 수행하기 위하여 보건복지부장관 소속으로 국가헌혈추진협의회(이하 "국가헌혈협의회"라 한다)를 둔다.

② 국가헌혈협의회는 다음 각 호의 사항을 심의한다.

1. 헌혈기부문화 조성과 헌혈 장려를 위한 정책 방향의 설정 및 협력 · 조정

2. 헌혈기부문화 조성과 헌혈 장려를 위한 제도 개선 및 예산 지원에 관한 사항

3. 그 밖에 헌혈기부문화 조성과 헌혈 장려를 위하여 보건복지부장관이 필요하다고 인정하는 사항

③ 국가헌혈협의회의 구성 · 운영 등에 필요한 사항은 대통령령으로 정한다.

[본조신설 2020. 12. 29.]

[종전 제4조의2는 제4조의4로 이동 〈2020. 12. 29.〉]

제4조의3(헌혈 권장 등) ① 매년 6월 14일을 헌혈자의 날로 하고, 보건복지부장관은 헌혈자의 날의 취지에 적합한 기념행사를 실시하는 등 건강한 국민에게 헌혈을 권장할 수 있다. 〈개정 2021. 12. 21.〉

② 보건복지부장관은 혈액원에 혈액관리업무에 필요한 경비의 전부 또는 일부를 보조할 수 있다.

③ 헌혈 권장에 필요한 사항은 대통령령으로 정한다.

[전문개정 2012. 10. 22.]

[제4조에서 이동, 종전 제4조의3은 제4조의5로 이동 〈2020. 12. 29.〉]

제4조의4(헌혈자 보호와 의무 등) ① 헌혈자는 숭고한 박애정신의 실천자로서 헌혈을 하는 현장에서 존중받아야 한다.

② 헌혈자는 안전한 혈액의 채혈 및 공급을 위하여 신상(身上) 및

병력(病歷)에 대한 정보를 사실대로 성실하게 제공하여야 한다.

③ 혈액원이 헌혈자로부터 채혈할 때에는 쾌적하고 안전한 환경에서 하여야 한다.

④ 혈액원은 헌혈자가 자유의사로 헌혈할 수 있도록 헌혈에 관한 유의 사항을 설명하여야 하며, 헌혈자로부터 채혈에 대한 동의를 받아야 한다.

⑤ 헌혈 적격 여부를 판정하기 위한 문진(問診) 사항의 기록과 면담은 헌혈자의 개인비밀이 보호될 수 있는 환경에서 하여야 한다.

⑥ 혈액원은 채혈부작용의 발생 여부를 세심히 관찰하여야 하며, 채혈부작용을 예방하기 위하여 필요한 조치를 하여야 한다.

⑦ 헌혈자에게 채혈부작용이 나타나는 경우 혈액원은 지체 없이 적절한 조치를 하여야 한다.

⑧ 제1항부터 제7항까지에서 규정한 사항 외에 헌혈자를 보호하기 위하여 필요한 사항은 대통령령으로 정한다.

[전문개정 2012. 10. 22.]

[제4조의2에서 이동, 종전 제4조의4는 제4조의6으로 이동 〈2020. 12. 29.〉]

제4조의5(혈액관리기본계획의 수립) ① 보건복지부장관은 혈액의 안정적 수급 및 관리에 관한 정책을 효율적으로 추진하기 위하여 제5조에 따른 혈액관리위원회의 심의를 거쳐 혈액관리에 관한 기본계획(이하 "기본계획"이라 한다)을 5년마다 수립하여야 한다.

② 기본계획에는 다음 각 호의 사항이 포함되어야 한다.

1. 헌혈 증진과 혈액관리의 발전 방향 및 목표

2. 혈액관리에 관한 각 부처 및 기관·단체의 협조에 관한 사항

3. 헌혈 및 수혈의 안전성 향상 방안

4. 혈액제제의 안전성 향상, 안정적 수급 및 적정한 사용 방안

5. 그 밖에 보건복지부장관이 혈액관리를 위하여 필요하다고 인정하는 사항

③ 보건복지부장관은 기본계획을 수립할 때에는 미리 관계 중앙행정기관의 장과 협의하여야 한다.

④ 보건복지부장관은 기본계획의 수립·시행을 위하여 필요한 경우에는 관계 중앙행정기관의 장, 지방자치단체의 장, 관련 기관·단체 등에 필요한 자료 및 정보의 제공을 요청할 수 있다. 이 경우 자료 및 정보의 제공을 요청받은 자는 정당한 사유가 없으면 요청에 따라야 한다.

[본조신설 2018. 12. 11.]

[제4조의3에서 이동 〈2020. 12. 29.〉]

제4조의6(헌혈추진협의회의 구성) ① 특별시장·광역시장·특별자치시장·도지사·특별자치도지사(이하 "시·도지사"라 한다) 또는 시장·군수·구청장은 헌혈 증진을 위한 홍보 및 적극적인 헌혈기부문화 조성을 위하여 지역사회의 주민·단체 또는 공공기관이 참여하는 헌혈추진협의회를 구성할 수 있다.

② 제1항에 따른 헌혈추진협의회의 구성 및 운영 등에 필요한 사항은 해당 특별시·광역시·특별자치시·도·특별자치도 또는 시·군·구의 조례로 정한다.

[본조신설 2018. 12. 11.]

[제4조의4에서 이동 〈2020. 12. 29.〉]

제4조의7(원료혈장 수급 관리 등) ① 보건복지부장관은 원료혈장의 공급 가격 관리 및 배분 등 안정적 수급을 도모하기 위하여 필요한 조치를 취할 수 있다.

② 원료혈장의 안정적 수급을 위하여 필요한 사항은 대통령령으로 정한다.

[본조신설 2021. 12. 21.]

제4조의8(헌혈자에 대한 예우 및 지원) ① 국가 및 지방자치단체는 헌혈기부문화 조성을 위하여 헌혈자를 위한 예우 증진 사업을 할 수 있다.

② 보건복지부장관은 헌혈에 관하여 특히 공로가 있는 자에게 훈장 또는 포장을 추천하거나 표창을 행할 수 있다.

③ 헌혈자 예우에 필요한 사항은 대통령령으로 정한다.

[본조신설 2021. 12. 21.]

제5조(혈액관리위원회의 설치 및 운영) ① 혈액관리에 관한 다음 각 호의 사항을 심의하기 위하여 보건복지부장관 소속으로 혈액관리위원회(이하 "위원회"라 한다)를 둔다. 〈개정 2018. 12. 11.〉

1. 혈액관리제도의 개선 및 헌혈 추진 방안
2. 제15조제2항에 따른 헌혈환급적립금의 활용 방안
3. 혈액 수가(酬價)의 조정
4. 혈액제제의 수급(需給) 및 안전성에 관한 사항
5. 혈액원의 개설 및 혈액관리업무의 심사평가에 관한 사항
6. 특정수혈부작용에 관한 사항

7. 기본계획의 수립에 관한 사항

8. 그 밖에 혈액관리에 관하여 보건복지부장관이 위원회의 회의에 부치는 사항

② 위원회는 위원장 1명과 부위원장 1명을 포함하여 15명 이내의 위원으로 구성하고, 그 임기는 2년으로 한다. 다만, 공무원인 위원의 임기는 그 재임기간으로 한다.

③ 위원회의 위원장은 혈액관리에 관한 학식과 행정 경험을 두루 갖추고 생명윤리에 대한 인식이 확고한 사람 중에서 보건복지부장관이 위촉한다.

④ 제1항부터 제3항까지에서 규정한 사항 외에 위원회의 구성 및 운영에 필요한 사항은 대통령령으로 정한다.

[전문개정 2012. 10. 22.]

제6조(혈액관리업무) ① 혈액관리업무는 다음 각 호의 어느 하나에 해당하는 자만이 할 수 있다. 다만, 제3호에 해당하는 자는 혈액관리업무 중 채혈을 할 수 없다.

1. 「의료법」에 따른 의료기관(이하 "의료기관"이라 한다)

2. 「대한적십자사 조직법」에 따른 대한적십자사(이하 "대한적십자사"라 한다)

3. 보건복지부령으로 정하는 혈액제제 제조업자

② 제1항제1호 및 제2호에 따라 혈액관리업무를 하는 자는 보건복지부령으로 정하는 기준에 적합한 시설·장비를 갖추어야 한다.

③ 제1항제1호 또는 제2호에 해당하는 자로서 혈액원을 개설하려는 자는 보건복지부령으로 정하는 바에 따라 보건복지부장관의 허가

를 받아야 한다. 허가받은 사항 중 보건복지부령으로 정하는 중요한 사항을 변경하려는 경우에도 또한 같다.

④ 혈액관리업무를 하려는 자는 「약사법」 제31조에 따라 의약품 제조업의 허가를 받아야 하며, 품목별로 품목허가를 받거나 품목신고를 하여야 한다.

[전문개정 2012. 10. 22.]

제6조의2(혈액관리업무의 금지 등) ① 제6조제3항에 따라 보건복지부장관의 허가를 받지 아니한 자는 혈액관리업무를 하지 못한다. 다만, 제6조제1항제3호에 해당하는 자는 그러하지 아니하다.

② 이 법에 따라 혈액원으로 허가받지 아니한 자는 혈액원 또는 이와 유사한 명칭을 사용하지 못한다.

[전문개정 2012. 10. 22.]

제6조의3(혈액제제 제조관리자 등) ① 혈액원에는 1명 이상의 의사를 두고 혈액의 검사·제조·보존 등 혈액제제 제조업무를 관리하게 하여야 한다.

② 제1항에 따라 혈액제제의 제조업무를 관리하는 사람(이하 "제조관리자"라 한다)은 혈액제제의 제조업무에 종사하는 사람에 대한 지도·감독에 관한 사항과 품질관리, 제조시설의 관리 및 그 밖에 그 제조관리에 관하여 보건복지부령으로 정하는 사항을 준수하여야 한다.

③ 혈액원의 장 등은 제조관리자의 관리업무를 방해하여서는 아니 되며, 제조관리자가 그 의무 이행을 위하여 필요한 사항을 요청하면 정당한 사유 없이 그 요청을 거부하여서는 아니 된다.

[전문개정 2012. 10. 22.]

제6조의4(혈액원의 휴업 등의 신고) ① 혈액원의 개설자가 그 업무를 휴업·폐업 또는 재개업하려는 경우에는 보건복지부령으로 정하는 바에 따라 보건복지부장관에게 신고하여야 한다. 이 경우 보건복지부장관은 그 내용을 검토하여 이 법에 적합하면 신고를 수리하여야 한다. 〈개정 2019. 12. 3.〉

② 혈액원의 개설자는 제1항에 따라 폐업 또는 휴업의 신고를 할 때에는 제12조 또는 제12조의2에 따라 기록·보존하고 있는 혈액관리업무기록 등을 대한적십자사 회장에게 이관(移管)하여야 한다. 다만, 혈액원의 개설자가 보건복지부령으로 정하는 바에 따라 혈액관리업무기록 등의 보관계획서를 제출하여 보건복지부장관의 허가를 받은 경우에는 이를 직접 보관할 수 있다. 〈개정 2016. 12. 2.〉

[전문개정 2012. 10. 22.]

제7조(헌혈자의 신원 확인 및 건강진단 등) ① 혈액원은 보건복지부령으로 정하는 바에 따라 채혈 전에 헌혈자에 대하여 신원 확인 및 건강진단을 하여야 한다.

② 혈액원은 보건복지부령으로 정하는 감염병 환자 및 건강기준에 미달하는 사람으로부터 채혈을 하여서는 아니 된다.

③ 혈액원은 신원이 확실하지 아니하거나 신원 확인에 필요한 요구에 따르지 아니하는 사람으로부터 채혈을 하여서는 아니 된다.

④ 보건복지부장관은 혈액제제의 안전성을 확보하기 위하여 필요하다고 인정할 때에는 관계 중앙행정기관의 장 또는 공공기관의 장으로 하여금 감염병 환자 또는 약물복용 환자 등의 관련 정보를 혈

액원 등에 제공하도록 요청할 수 있다. 이 경우 관계 중앙행정기관의 장 또는 공공기관의 장은 정당한 사유가 없으면 그 요청에 따라야 한다.

⑤ 혈액원은 보건복지부령으로 정하는 바에 따라 헌혈자로부터 채혈하기 전에 채혈금지대상 여부 및 과거 헌혈경력과 그 검사 결과를 조회하여야 한다. 다만, 천재지변, 긴급 수혈 등 보건복지부령으로 정하는 경우에는 그러하지 아니하다.

⑥ 제4항과 제5항에 따른 정보제공의 범위 및 조회 등에 관한 구체적인 사항은 보건복지부령으로 정한다.

[전문개정 2012. 10. 22.]

제7조의2(채혈금지대상자의 관리) ① 보건복지부장관은 보건복지부령으로 정하는 바에 따라 채혈금지대상자의 명부를 작성·관리할 수 있다.

② 혈액원은 채혈금지대상자로부터 채혈을 하여서는 아니 된다.

③ 제2항에도 불구하고 혈액원은 보건복지부령으로 정하는 안전성검사를 통과한 채혈금지대상자에 대하여는 채혈을 할 수 있다. 이 경우 그 결과를 보건복지부령으로 정하는 바에 따라 보건복지부장관에게 보고하여야 한다.

④ 보건복지부장관은 채혈금지대상자 명부에 있는 사람에게 명부의 기재 사항 등을 대통령령으로 정하는 바에 따라 개별적으로 알릴 수 있다.

⑤ 제1항에 따른 채혈금지대상자의 명부를 작성·관리하는 업무에 종사하는 사람 또는 종사하였던 사람은 업무상 알게 된 비밀을

정당한 사유 없이 누설하여서는 아니 된다.

[전문개정 2012. 10. 22.]

제8조(혈액 등의 안전성 확보) ① 혈액원은 다음 각 호의 방법으로 혈액 및 혈액제제의 적격 여부를 검사하고 그 결과를 확인하여야 한다. 〈개정 2016. 2. 3.〉

1. 헌혈자로부터 채혈

2. 보건복지부령으로 정하는 헌혈금지약물의 복용 여부 확인

② 혈액원 등 혈액관리업무를 하는 자(이하 "혈액원등"이라 한다)는 제1항에 따른 검사 결과 부적격혈액을 발견하였을 때에는 보건복지부령으로 정하는 바에 따라 이를 폐기처분하고 그 결과를 보건복지부장관에게 보고하여야 한다. 다만, 부적격혈액을 예방접종약의 원료로 사용하는 등 대통령령으로 정하는 경우에는 그러하지 아니하다.

③ 제1항에 따른 혈액 및 혈액제제의 적격 여부에 관한 판정기준은 보건복지부령으로 정한다.

④ 혈액원은 제1항제2호에 따른 확인 결과 부적격혈액을 발견하였으나 그 혈액이 이미 의료기관으로 출고된 경우에는 해당 의료기관에 부적격혈액에 대한 사항을 즉시 알리고, 부적격혈액을 폐기처분하도록 조치를 하여야 한다. 〈신설 2016. 2. 3.〉

⑤ 혈액원은 부적격혈액의 수혈 등으로 사고가 발생할 위험이 있거나 사고가 발생하였을 때에는 이를 그 혈액을 수혈받은 사람에게 알려야 한다. 〈신설 2016. 2. 3.〉

⑥ 혈액원은 헌혈자 및 그의 혈액검사에 관한 정보를 보건복지부

령으로 정하는 바에 따라 보건복지부장관에게 보고하여야 한다. 〈개정 2016. 2. 3.〉

⑦ 보건복지부장관은 제6항에 따라 보고받은 헌혈자 및 그의 혈액검사에 관한 정보를 적절히 유지·관리하여야 한다. 〈개정 2016. 2. 3.〉

⑧ 제1항에 따른 혈액 및 혈액제제의 적격 여부 검사와 그 밖에 제4항 및 제5항의 부적격혈액 발생 시의 조치에 필요한 사항은 보건복지부령으로 정한다. 〈신설 2016. 2. 3.〉

[전문개정 2012. 10. 22.]

제8조의2(혈액사고 발생 시의 조치 등) ① 보건복지부장관은 부적격혈액의 수혈 등으로 사고가 발생할 위험이 있거나 사고가 발생하였을 때에는 보건복지부령으로 정하는 바에 따라 혈액원등에 대하여 관련 혈액 및 혈액제제의 폐기 등 필요한 조치를 하거나 이를 하도록 명할 수 있다.

② 보건복지부장관은 제1항에 따른 조치를 하거나 이를 하도록 명할 때 필요하다고 인정하면 식품의약품안전처장 등 유관기관에 협조를 요청할 수 있다. 〈개정 2013. 3. 23.〉

③ 보건복지부장관은 제1항과 제2항의 조치 및 협조에 필요한 유관기관 임무 수행지침을 제정하여 시행할 수 있으며, 해당 기관은 정당한 사유가 없으면 이를 성실히 이행하여야 한다.

[전문개정 2012. 10. 22.]

제9조(혈액의 관리 등) ① 혈액원등은 채혈 시의 혈액량, 혈액관리의 적정 온도 등 보건복지부령으로 정하는 기준에 따라 혈액관리업

무를 하여야 한다.

② 혈액원은 채혈한 혈액을 안전하고 신속하게 공급하기 위하여 혈액 공급 차량을 운영할 수 있다.

③ 제2항에 따른 혈액 공급 차량의 형태, 표시 및 내부 장치 등에 관한 구체적인 사항은 보건복지부령으로 정한다.

[전문개정 2012. 10. 22.]

제9조의2(의료기관의 준수사항) ① 병상 수와 혈액 사용량을 고려하여 보건복지부령으로 정하는 의료기관의 장은 안전하고 적정한 혈액 사용을 위하여 수혈관리위원회와 수혈관리실을 설치·운영하고 혈액 관련 업무를 전담하는 인력을 두는 등 필요한 조치를 하여야 한다.

② 제1항에 따른 수혈관리위원회의 구성과 운영, 수혈관리실의 설치와 운영 및 혈액 관련 업무를 전담하는 인력의 자격요건, 인원 수, 업무내용 등에 관하여 필요한 사항은 보건복지부령으로 정한다.

[본조신설 2019. 12. 3.]

제10조(특정수혈부작용에 대한 조치) ① 의료기관의 장은 특정수혈부작용이 발생한 경우에는 보건복지부령으로 정하는 바에 따라 그 사실을 시·도지사에게 신고하여야 한다. 〈개정 2020. 2. 18.〉

② 시·도지사는 제1항에 따른 특정수혈부작용의 발생 신고를 받은 때에는 이를 보건복지부장관에게 통보하여야 한다. 〈신설 2020. 2. 18.〉

③ 보건복지부장관은 제2항에 따라 특정수혈부작용의 발생 신고를 통보받으면 그 발생 원인의 파악 등을 위한 실태조사를 하여야 한다. 이 경우 특정수혈부작용과 관련된 의료기관의 장과 혈액원등

은 실태조사에 협조하여야 한다. 〈개정 2020. 2. 18.〉

[전문개정 2012. 10. 22.]

제10조의2(특정수혈부작용 및 채혈부작용의 보상) ① 혈액원은 다음 각 호의 어느 하나에 해당하는 사람에 대하여 특정수혈부작용 및 채혈부작용에 대한 보상금(이하 "보상금"이라 한다)을 지급할 수 있다.

1. 헌혈이 직접적인 원인이 되어 질병이 발생하거나 사망한 채혈부작용자

2. 혈액원이 공급한 혈액이 직접적인 원인이 되어 질병이 발생하거나 사망한 특정수혈부작용자

② 제1항에 따른 보상금은 위원회의 심의에 따라 결정되며, 보상금이 결정된 때에는 위원장은 그 심의 결과를 지체 없이 혈액원에 통보하여야 한다. 〈신설 2016. 2. 3.〉

③ 제1항에도 불구하고 다음 각 호의 어느 하나에 해당하는 경우에는 보상금을 지급하지 아니할 수 있다. 〈신설 2016. 2. 3.〉

1. 채혈부작용이 헌혈자 본인의 고의 또는 중대한 과실로 인하여 발생한 경우

2. 채혈부작용이라고 결정된 사람 또는 그 가족이 손해배상청구소송 등을 제기한 경우 또는 소송제기 의사를 표시한 경우

④ 제1항에 따라 지급할 수 있는 보상금의 범위는 다음 각 호와 같다. 다만, 혈액의 공급과정에서 혈액원의 과실이 없는 경우에는 제6호의 위자료만 지급할 수 있다. 〈신설 2016. 2. 3.〉

1. 진료비

2. 장애인이 된 자에 대한 일시보상금

3. 사망한 자에 대한 일시보상금

4. 장제비

5. 일실(逸失)소득

6. 위자료

⑤ 그 밖에 보상금의 산정 및 지급 등에 필요한 사항은 보건복지부령으로 정한다. 〈개정 2016. 2. 3.〉

[전문개정 2012. 10. 22.]

제11조(혈액제제의 수가) 혈액원이 헌혈자로부터 채혈하여 제조한 혈액제제를 의료기관에 공급하는 가격과 혈액원으로부터 혈액제제를 공급받은 의료기관이 수혈자에게 공급하는 가격은 보건복지부장관이 정하여 고시한다.

[전문개정 2012. 10. 22.]

제12조(기록의 작성 등) ① 혈액원등은 보건복지부령으로 정하는 바에 따라 혈액관리업무에 관한 기록을 작성하여 갖추어 두어야 한다.

② 제1항에 따른 기록(제12조의2제1항에 따른 전자혈액관리업무기록을 포함한다)은 기록한 날부터 보건복지부령으로 정하는 기간 동안 보존하여야 한다.

③ 혈액관리업무에 종사하는 자는 이 법 또는 다른 법령에 특별히 규정된 경우를 제외하고는 건강진단·채혈·검사 등 업무상 알게 된 다른 사람의 비밀을 누설하거나 발표하여서는 아니 된다.

[전문개정 2012. 10. 22.]

제12조의2(전자혈액관리업무기록 등) ① 혈액원등은 헌혈자 대장(臺帳) 등을 「전자서명법」에 따른 전자서명이 기재된 전자문서 등(이하

"전자혈액관리업무기록"이라 한다)으로 작성·보관할 수 있다.

② 혈액원등은 전자혈액관리업무기록을 안전하게 관리·보존하는 데에 필요한 시설 및 장비 등을 갖추어야 한다.

③ 누구든지 정당한 사유 없이 전자혈액관리업무기록에 저장된 개인정보를 탐지(探知)하거나 누출·변조 또는 훼손하여서는 아니 된다.

④ 제14조제3항에 따라 수혈을 요구받은 의료기관은 헌혈증의 유효성 여부를 확인하기 위하여 전자혈액관리업무기록을 조회할 수 있다. 〈신설 2021. 3. 23.〉

[전문개정 2012. 10. 22.]

제13조(검사 등) ① 보건복지부장관은 혈액의 품질관리를 위하여 필요하다고 인정하면 혈액원등에 대통령령으로 정하는 바에 따라 필요한 보고를 하도록 명하거나, 관계 공무원에게 혈액원등의 사무실, 사업장, 그 밖에 필요한 장소에 출입하여 장부·서류 또는 그 밖의 물건을 검사하게 할 수 있다.

② 제1항에 따라 출입·검사를 하는 공무원은 그 권한을 표시하는 증표를 관계인에게 내보여야 한다.

③ 보건복지부장관은 혈액제제의 안전성을 보장하고 효과를 높이기 위하여 대통령령으로 정하는 바에 따라 혈액원의 혈액관리업무에 대한 심사평가를 할 수 있다.

[전문개정 2012. 10. 22.]

제13조의2(혈액원 및 의료기관의 혈액수급정보 제출) ① 혈액원은 혈액 공급량·재고량·폐기량 등 혈액관리에 관한 정보를 보건복지부장관에게 제출하여야 한다.

② 혈액원(의료기관이 개설한 혈액원 중 혈액제제를 자체에서 소비할 목적으로 공급하는 경우는 제외한다)으로부터 혈액을 공급받은 의료기관의 장은 해당 의료기관의 혈액 사용량·재고량·폐기량 등 혈액 사용에 관한 정보를 보건복지부장관에게 제출하여야 한다.

③ 제1항 및 제2항에 따른 제출정보의 내용, 제출 시기 및 제출 방법은 보건복지부령으로 정한다.

[본조신설 2019. 12. 3.]

제14조(헌혈증서의 발급 및 수혈비용의 보상 등) ① 혈액원이 헌혈자로부터 헌혈을 받았을 때에는 보건복지부령으로 정하는 바에 따라 헌혈증서를 그 헌혈자에게 발급하여야 한다. 이 경우 헌혈증서를 잃어버리거나 훼손되어 못쓰게 된 것이 확인된 경우에는 보건복지부령으로 정하는 바에 따라 재발급 받을 수 있다. 〈개정 2021. 3. 23.〉

② 제1항에 따른 헌혈증서는 휴대전화에 의한 문자메시지, 전자우편 등의 수단으로 제공할 수 있다. 〈신설 2021. 3. 23.〉

③ 제1항에 따른 헌혈자 또는 그 헌혈자의 헌혈증서를 양도받은 사람은 의료기관에 그 헌혈증서를 제출하면 무상으로 혈액제제를 수혈받을 수 있다. 다만, 재발급되어 유효하지 아니하게 된 헌혈증서를 사용한 경우 혈액제제의 수혈비용은 수혈자가 부담하여야 한다. 〈개정 2021. 3. 23.〉

④ 제3항에 따라 수혈을 요구받은 의료기관은 정당한 이유 없이 그 요구를 거부하지 못한다. 〈개정 2021. 3. 23.〉

⑤ 보건복지부장관은 의료기관이 제3항에 따라 헌혈증서 제출자에게 수혈을 하였을 때에는 보건복지부령으로 정하는 바에 따라 제

15조제2항에 따른 헌혈환급적립금에서 그 비용을 해당 의료기관에 보상하여야 한다. 〈개정 2021. 3. 23.〉

[전문개정 2012. 10. 22.]

제15조(헌혈환급예치금 및 헌혈환급적립금) ① 혈액원이 헌혈자로부터 헌혈을 받았을 때에는 보건복지부령으로 정하는 바에 따라 헌혈환급예치금을 보건복지부장관에게 내야 한다. 다만, 헌혈 혈액이 제8조제1항에 따른 검사 결과 부적격혈액으로 판정된 경우에는 헌혈환급예치금의 전부 또는 일부를 돌려주거나 면제할 수 있다.

② 보건복지부장관은 제1항에 따른 헌혈환급예치금으로 헌혈환급적립금(이하 "적립금"이라 한다)을 조성·관리한다.

③ 적립금은 다음 각 호의 어느 하나에 해당하는 용도에만 사용하여야 한다. 〈개정 2021. 3. 23.〉

1. 제14조제5항에 따른 수혈비용의 보상
2. 헌혈의 장려
3. 혈액관리와 관련된 연구
4. 그 밖에 대통령령으로 정하는 용도

④ 적립금의 관리 및 운영 등에 필요한 사항은 대통령령으로 정한다.

[전문개정 2012. 10. 22.]

제16조(군의료기관에 대한 특례) 군의료기관(軍醫療機關)에 설치하는 혈액원의 혈액관리업무에 관하여는 제4조의3, 제6조, 제8조, 제8조의2, 제9조, 제10조, 제12조, 제12조의2 및 제13조부터 제15조까지의 규정에도 불구하고 국방부장관이 보건복지부장관과 협의한 후

국방부령으로 정한다. 〈개정 2020. 12. 29.〉

[전문개정 2012. 10. 22.]

제17조(권한의 위임·위탁 등) ① 보건복지부장관은 이 법에 따른 권한의 일부를 대통령령으로 정하는 바에 따라 시·도지사에게 위임할 수 있다. 〈개정 2018. 12. 11.〉

② 보건복지부장관은 이 법에 따른 다음 각 호의 업무를 대통령령으로 정하는 바에 따라 대한적십자사 회장에게 위탁할 수 있다. 〈개정 2016. 2. 3., 2016. 12. 2., 2021. 3. 23.〉

1. 제7조의2제1항 및 제4항에 따른 채혈금지대상자 명부의 작성·관리 및 통지에 관한 업무

2. 제8조제6항 및 제7항에 따른 헌혈자의 혈액정보 관리에 관한 업무

3. 제14조제5항에 따른 보상업무

4. 제15조제1항에 따른 헌혈환급예치금의 수납업무

5. 제15조제2항에 따른 적립금의 조성·관리 업무

③ 보건복지부장관은 제2항에 따라 대한적십자사 회장에게 위탁한 업무 및 대한적십자사 회장이 수행하는 다음 각 호의 어느 하나에 해당하는 업무에 대하여 매년 예산의 범위에서 그 수행에 필요한 경비를 보조할 수 있다. 〈개정 2016. 12. 2.〉

1. 제6조의4제2항에 따라 혈액원의 개설자로부터 이관받은 혈액관리업무기록(전자혈액관리업무기록을 포함한다)의 보존업무

2. 헌혈자의 헌혈경력 조회업무

3. 헌혈자의 혈액정보 관리에 관한 업무

4. 제14조에 따른 헌혈증서의 발급 및 수혈비용의 보상 업무

[전문개정 2012. 10. 22.]

제17조의2(사업계획의 제출 등) ① 제6조제3항에 따라 혈액원을 개설한 자는 혈액원의 회계를 다른 회계와 구분하여 회계처리하여야 한다.

② 혈액원의 회계연도는 정부의 회계연도에 따른다.

③ 혈액원은 매년 사업계획 및 예산안을 작성하여 해당 회계연도가 시작되기 1개월 전에 보건복지부장관에게 제출하여야 한다.

④ 혈액원은 매 회계연도 경과 후 3개월 이내에 수입·지출결산서에 「공인회계사법」 제7조에 따라 등록한 공인회계사 또는 같은 법 제24조에 따라 등록한 회계법인의 회계감사 보고서를 첨부하여 보건복지부장관에게 제출하여야 한다.

⑤ 대한적십자사가 「대한적십자사 조직법」 제21조제1항 및 같은 조 제3항에 따라 사업계획·예산안 및 결산서를 제출한 경우 이를 제3항 및 제4항에 따라 제출한 것으로 본다. 다만, 혈액원별로 혈액원의 사업계획·예산안 및 결산서를 제출한 경우에 한정한다.

⑥ 제3항 및 제4항에 따른 사업계획, 예산안 및 수입·지출결산서의 세부내용 및 제출 방법은 보건복지부령으로 정한다.

[본조신설 2019. 12. 3.]

[종전 제17조의2는 제17조의3으로 이동 〈2019. 12. 3.〉]

제17조의3(개설허가의 취소 등) ①보건복지부장관은 혈액원이 다음 각 호의 어느 하나에 해당하면 혈액원의 개설허가를 취소하거나 6개월의 범위에서 업무의 정지 또는 위반 사항에 대한 시정을 명할

수 있다. 〈개정 2013. 8. 13., 2019. 12. 3.〉

1. 혈액원 개설허가를 받은 날부터 3개월이 지나도록 정당한 사유 없이 그 업무를 시작하지 아니한 경우

2. 개설허가를 받은 혈액원의 시설이 제6조제2항에 따른 시설·장비 기준에 적합하지 아니한 경우

3. 혈액원이 제조관리자를 두지 아니한 경우

4. 혈액원에 대한 제13조제1항에 따른 검사 또는 같은 조 제3항에 따른 심사평가 결과 혈액관리업무가 부적절하였음이 발견된 경우

5. 혈액원이 제17조의2제3항 및 제4항을 위반하여 사업계획, 예산안, 수입·지출결산서 또는 회계감사 보고서를 제출하지 아니한 경우

6. 그 밖에 이 법 또는 이 법에 따른 명령을 위반한 경우

② 보건복지부장관은 의료기관이 제9조의2제1항을 위반한 경우 위반 사항에 대한 시정을 명할 수 있다. 〈신설 2019. 12. 3.〉

③ 제1항 및 제2항에 따른 행정처분의 세부적인 기준은 보건복지부령으로 정한다. 〈신설 2013. 8. 13., 2019. 12. 3.〉

[전문개정 2012. 10. 22.]

[제17조의2에서 이동, 종전 제17조의3은 제17조의4로 이동 〈2019. 12. 3.〉]

제17조의4(적용의 배제) 제6조제1항제1호에 해당하는 자가 개설한 혈액원 중 혈액제제를 자체에서 소비할 목적으로 공급하는 경우에는 같은 조 제4항, 제6조의3, 제13조의2제1항 및 제17조의2를 적용하지 아니한다. 〈개정 2019. 12. 3.〉

[전문개정 2012. 10. 22.]

[제17조의3에서 이동 〈2019. 12. 3.〉]

제18조(벌칙) 다음 각 호의 어느 하나에 해당하는 자는 5년 이하의 징역 또는 5천만원 이하의 벌금에 처한다. 〈개정 2018. 12. 11.〉

1. 제3조를 위반하여 혈액 매매행위 등을 한 자

2. 제6조제1항을 위반하여 혈액관리업무를 할 수 있는 자가 아니면서 혈액관리업무를 한 자

3. 제6조제3항을 위반하여 허가받지 아니하고 혈액원을 개설한 자 또는 변경허가를 받지 아니하고 중요 사항을 변경한 자

4. 제6조제4항을 위반하여 의약품 제조업의 허가를 받지 아니하고 혈액관리업무를 한 자 또는 품목별로 품목허가를 받거나 품목신고를 하지 아니하고 혈액관리업무를 한 자

5. 제6조의2제1항을 위반하여 허가받지 아니하고 혈액관리업무를 한 자

[전문개정 2012. 10. 22.]

제19조(벌칙) 다음 각 호의 어느 하나에 해당하는 자는 2년 이하의 징역 또는 2천만원 이하의 벌금에 처한다. 〈개정 2016. 2. 3., 2018. 12. 11.〉

1. 제6조제2항을 위반하여 보건복지부령으로 정하는 기준에 적합한 시설·장비를 갖추지 아니한 자

2. 제7조제1항을 위반하여 채혈 전에 헌혈자에 대하여 신원 확인 및 건강진단을 하지 아니한 자

3. 제7조제2항을 위반하여 보건복지부령으로 정하는 감염병 환자

또는 건강기준에 미달하는 사람으로부터 채혈을 한 자

4. 제7조제3항을 위반하여 신원이 확실하지 아니하거나 신원 확인에 필요한 요구에 따르지 아니하는 사람으로부터 채혈을 한 자

5. 제7조제5항을 위반하여 채혈하기 전에 채혈금지대상 여부 및 과거 헌혈경력과 그 검사 결과를 조회하지 아니한 자

6. 제7조의2제2항 및 제3항을 위반하여 보건복지부령으로 정하는 안전성검사를 통과하지 못한 채혈금지대상자로부터 채혈을 하거나 안전성검사를 통과한 채혈금지대상자로부터 채혈을 한 후 그 결과를 보건복지부장관에게 보고하지 아니한 자

7. 제7조의2제5항을 위반하여 채혈금지대상자 명부의 작성·관리 업무상 알게 된 비밀을 정당한 사유 없이 누설한 자

8. 제8조제1항을 위반하여 보건복지부령으로 정하는 바에 따라 혈액과 혈액제제의 적격 여부를 검사하지 아니하거나 검사 결과를 확인하지 아니한 자

9. 제8조제2항을 위반하여 보건복지부령으로 정하는 바에 따라 부적격혈액을 폐기처분하지 아니하거나 폐기처분 결과를 보건복지부장관에게 보고하지 아니한 자

9의2. 제8조제4항을 위반하여 부적격혈액의 정보를 해당 의료기관에 알리지 아니하거나 폐기처분하지 아니한 자

9의3. 제8조제5항을 위반하여 부적격혈액을 수혈받은 사람에게 이를 알리지 아니한 자

10. 제9조제1항을 위반하여 채혈 시의 혈액량, 혈액관리의 적정 온도 등 보건복지부령으로 정하는 기준에 따라 혈액관리업무를 하지

아니한 자

11. 제12조제3항을 위반하여 건강진단 · 채혈 · 검사 등 업무상 알게 된 다른 사람의 비밀을 누설하거나 발표한 자

12. 제12조의2제3항을 위반하여 정당한 사유 없이 전자혈액관리업무기록에 저장된 개인정보를 탐지하거나 누출 · 변조 또는 훼손한 자

[전문개정 2012. 10. 22.]

제20조(벌칙) 다음 각 호의 어느 하나에 해당하는 자는 1년 이하의 징역 또는 1천만원 이하의 벌금에 처한다. 〈개정 2018. 12. 11., 2021. 3. 23.〉

1. 제14조제1항 또는 제4항을 위반하여 헌혈자에게 헌혈증서를 발급하지 아니하거나, 의료기관에 헌혈증서를 제출하면서 무상으로 혈액제제 수혈을 요구한 사람에 대하여 정당한 이유 없이 그 요구를 거절한 자

2. 제15조제1항을 위반하여 거짓이나 그 밖의 부정한 방법으로 헌혈환급예치금을 내지 아니한 자

[전문개정 2012. 10. 22.]

제21조(벌칙) ① 제17조의3제2항에 따른 시정명령을 이행하지 아니한 자는 500만원 이하의 벌금에 처한다. 〈신설 2019. 12. 3.〉

② 다음 각 호의 어느 하나에 해당하는 자는 100만원 이하의 벌금에 처한다. 〈개정 2019. 12. 3.〉

1. 제6조의3제2항을 위반한 자

2. 제11조에 따라 고시된 혈액제제의 수가를 위반하여 혈액제제

를 공급한 자

[전문개정 2016. 2. 3.]

제22조(양벌규정) 법인의 대표자나 법인 또는 개인의 대리인, 사용인, 그 밖의 종업원이 그 법인 또는 개인의 업무에 관하여 제18조부터 제21조까지의 어느 하나에 해당하는 위반행위를 하면 그 행위자를 벌하는 외에 그 법인 또는 개인에게도 해당 조문의 벌금형을 과(科)한다. 다만, 법인 또는 개인이 그 위반행위를 방지하기 위하여 해당 업무에 관하여 상당한 주의와 감독을 게을리하지 아니한 경우에는 그러하지 아니하다.

[전문개정 2011. 4. 28.]

제23조(과태료) ① 다음 각 호의 어느 하나에 해당하는 자에게는 200만원 이하의 과태료를 부과한다. 〈개정 2016. 2. 3., 2019. 12. 3., 2020. 2. 18.〉

1. 제6조의2제2항을 위반하여 혈액원 또는 이와 유사한 명칭을 사용한 자

2. 제8조제6항을 위반하여 보고를 하지 아니하거나 거짓으로 보고한 자

3. 제10조제1항을 위반하여 신고를 하지 아니한 자

4. 제10조제3항 후단을 위반하여 실태조사에 협조하지 아니한 자

5. 제13조제1항에 따른 보고를 하지 아니하거나 거짓으로 보고한 자 또는 검사를 거부·기피 또는 방해한 자

6. 제13조의2제1항·제2항에 따른 제출을 하지 아니하거나 거짓으로 제출한 자

② 제1항에 따른 과태료는 대통령령으로 정하는 바에 따라 보건복지부장관 또는 시·도지사가 부과·징수한다. 〈개정 2020. 2. 18.〉

[전문개정 2012. 10. 22.]

부칙 〈제5838호, 1999. 2. 8.〉

①(시행일) 이 법은 1999년 4월 1일부터 시행한다.

②(벌칙에 대한 경과조치) 이 법 시행전의 행위에 대한 벌칙의 적용에 있어서는 종전의 규정에 의한다.

부칙 〈제6555호, 2001. 12. 29.〉

이 법은 2002년 7월 1일부터 시행한다.

부칙 〈제7145호, 2004. 1. 29.〉

①(시행일) 이 법은 공포후 1년이 경과한 날부터 시행한다.

②(혈액원에 관한 경과조치) 이 법 시행 당시 혈액관리업무를 행하고 있는 자는 이 법 시행일부터 1년까지는 제6조제4항 또는 제6조의2제1항의 개정규정에 불구하고 혈액관리업무를 행할 수 있다.

③(벌칙에 관한 경과조치) 이 법 시행 당시 종전의 위반행위에 대한 벌칙의 적용에 있어서는 종전의 규정에 의한다.

부칙 〈제8365호, 2007. 4. 11.〉 (약사법)

제1조 (시행일) 이 법은 공포한 날부터 시행한다. 〈단서 생략〉

제2조 내지 제20조 생략

제21조 (다른 법률의 개정) ①내지 ⑩생략

⑪혈액관리법 일부를 다음과 같이 개정한다.

제6조제4항 중 "약사법 제26조의 규정에 의하여"를 "「약사법」 제31조에 따라"로 한다.

⑫생략

제22조 생략

부칙 〈제8852호, 2008. 2. 29.〉 (정부조직법)

제1조(시행일) 이 법은 공포한 날부터 시행한다. 다만, · · · 〈생략〉 · · · , 부칙 제6조에 따라 개정되는 법률 중 이 법의 시행 전에 공포되었으나 시행일이 도래하지 아니한 법률을 개정한 부분은 각각 해당 법률의 시행일부터 시행한다.

제2조 부터 제5조까지 생략

제6조 (다른 법률의 개정) ① 부터 〈499〉 까지 생략

〈500〉 혈액관리법 일부를 다음과 같이 개정한다.

제2조제4호 · 제5호 · 제6호마목, 제6조제1항제3호, 제7조제1항 · 제2항, 제8조제1항 · 제4항, 제10조제1항, 제12조제1항 · 제2항, 제14조제1항 · 제4항, 제15조제1항 본문 중 "보건복지부령"을 각각 "보건복지가족부령"으로 한다.

제2조제7호, 제4조제1항 · 제2항, 제5조제1항 각 호 외의 부분 · 제7호, 제10조제1항 · 제2항 전단, 제11조, 제13조제1항, 제14조제4항, 제15조제1항 본문 · 제2항, 제16조, 제17조제1항 · 제2항 각

호 외의 부분, 제23조제2항부터 제4항까지 중 "보건복지부장관"을 각각 "보건복지가족부장관"으로 한다.

제5조제3항, 제6조제3항 전단, 제6조의2제1항 본문, 제6조의4제2항 단서, 제8조제2항 본문, 제8조의2제1항 · 제2항 · 제3항, 제13조제3항, 제17조제3항 각 호 외의 부분, 제17조의2 각 호 외의 부분 중 "보건복지부장관"을 각각 "보건복지가족부장관"으로 한다.

제6조제2항 · 제3항 전단 및 후단, 제6조의3제2항, 제6조의4제1항 · 제2항 단서, 제8조제2항 본문 · 제5항, 제8조의2제1항, 제9조제1항 · 제3항 중 "보건복지부령"을 각각 "보건복지가족부령"으로 한다.

〈501〉 부터 〈760〉 까지 생략

제7조 생략

부칙 〈제9023호, 2008. 3. 28.〉

이 법은 공포 후 1년이 경과한 날부터 시행한다. 다만, 제7조, 제7조의2 및 제19조의 개정규정은 법률 제9387호 혈액관리법 일부개정법률의 시행일부터 시행한다. 〈개정 2009. 1. 30.〉

부칙 〈제9387호, 2009. 1. 30.〉

이 법은 공포한 날부터 시행한다.

부칙 〈제9847호, 2009. 12. 29.〉 (감염병의 예방 및 관리에 관한 법률)

제1조(시행일) 이 법은 공포 후 1년이 경과한 날부터 시행한다.
제2조 부터 제20조까지 생략
제21조(다른 법률의 개정) ① 부터 ㉗ 까지 생략
㉘ 혈액관리법 일부를 다음과 같이 개정한다.
제2조제4호의2 중 “전염병환자”를 “감염병환자”로 한다.
제7조제2항 중 “전염병환자”를 “감염병환자”로 하고, 같은 조 제4항 본문 중 “전염병환자”를 “감염병환자”로 한다.
㉙ 및 ㉚ 생략
제22조 생략

부칙 〈제9932호, 2010. 1. 18.〉 (정부조직법)
제1조(시행일) 이 법은 공포 후 2개월이 경과한 날부터 시행한다. 〈단서 생략〉
제2조 및 제3조 생략
제4조(다른 법률의 개정) ① 부터 〈133〉 까지 생략
〈134〉 혈액관리법 일부를 다음과 같이 개정한다.
제2조제4호 · 제4의2호 · 제5호 · 제6호마목, 제6조제1항제3호 · 제2항 · 제3항 전단 및 후단, 제6조의3제2항, 제6조의4제1항 · 제2항 단서, 제7조제1항 · 제2항 · 제5항 본문 및 단서 · 제6항, 제7조의2제1항 · 제3항 전단 및 후단, 제8조제1항 · 제2항 본문 · 제4항 · 제5항, 제8조의2제1항, 제9조제1항 · 제3항, 제10조제1항, 제10조의2제2항, 제12조제1항 · 제2항, 제14조제1항 · 제4항 및 제15조제1항 본문 중 “보건복지가족부령”을 각각 “보건복지부령”으로 한다.

제2조제7호, 제4조제1항·제2항, 제5조제1항 각 호 외의 부분·제7호 및 같은 조 제3항, 제6조제3항 전단, 제6조의2제1항 본문, 제6조의4제2항 단서, 제7조제4항 전단, 제7조의2제1항·제3항 후단·제4항, 제8조제2항 본문·제5항·제6항, 제8조의2제1항부터 제3항까지, 제10조제1항·제2항 전단, 제11조, 제13조제1항·제3항, 제14조제4항, 제15조제1항 본문·제2항, 제16조, 제17조제1항·제2항 각 호 외의 부분·제3항 각 호 외의 부분, 제17조의2 각 호 외의 부분 및 제23조제2항부터 제4항까지 중 "보건복지가족부장관"을 각각 "보건복지부장관"으로 한다.

〈135〉 부터 〈137〉 까지 생략

제5조 생략

부칙 〈제10611호, 2011. 4. 28.〉

이 법은 공포한 날부터 시행한다.

부칙 〈제11525호, 2012. 10. 22.〉

이 법은 공포한 날부터 시행한다.

부칙 〈제11690호, 2013. 3. 23.〉 (정부조직법)

제1조(시행일) ① 이 법은 공포한 날부터 시행한다.

② 생략

제2조 부터 제5조까지 생략

제6조(다른 법률의 개정) ①부터 〈488〉까지 생략

〈489〉 혈액관리법 일부를 다음과 같이 개정한다.

제8조의2제2항 중 "식품의약품안전청장"을 "식품의약품안전처장"으로 한다.

〈490〉부터 〈710〉까지 생략

제7조 생략

부칙 〈제12073호, 2013. 8. 13.〉

제1조(시행일) 이 법은 공포한 날부터 시행한다.

제2조(업무의 정지에 관한 적용례) 제17조의2의 개정규정은 이 법 시행 전의 위반행위에 대하여 행정처분을 하는 경우에도 적용한다.

부칙 〈제14012호, 2016. 2. 3.〉

이 법은 공포 후 6개월이 경과한 날부터 시행한다. 다만, 제10조의2 및 제21조의 개정규정은 공포한 날부터 시행한다.

부칙 〈제14322호, 2016. 12. 2.〉 (대한적십자사 조직법)

제1조(시행일) 이 법은 공포 후 6개월이 경과한 날부터 시행한다.

제2조(다른 법률의 개정) 혈액관리법 일부를 다음과 같이 개정한다.

제6조의4제2항 본문 중 "대한적십자사 총재"를 "대한적십자사 회장"으로 한다.

제17조제2항 각 호 외의 부분 중 "대한적십자사 총재"를 "대한적십자사 회장"으로 하고, 같은 조 제3항 각 호 외의 부분 중 "대한적십자사 총재에게"를 "대한적십자사 회장에게"로, "대한적십자사 총재

가"를 "대한적십자사 회장이"로 한다.

부칙 〈제15911호, 2018. 12. 11.〉

이 법은 공포 후 6개월이 경과한 날부터 시행한다. 다만, 제18조부터 제20조까지의 개정규정은 공포한 날부터 시행한다.

부칙 〈제16732호, 2019. 12. 3.〉

제1조(시행일) 이 법은 공포 후 1년이 경과한 날부터 시행한다. 다만, 제6조의4제1항의 개정규정은 공포한 날부터 시행한다.

제2조(사업계획·예산안 및 결산서 제출에 관한 적용례) 제17조의2 제3항부터 제5항까지의 개정규정은 이 법 시행일이 속한 연도의 다음 회계연도분부터 적용한다.

부칙 〈제17007호, 2020. 2. 18.〉 (중앙행정권한 및 사무 등의 지방 일괄 이양을 위한 물가안정에 관한 법률 등 46개 법률 일부개정을 위한 법률)

제1조(시행일) 이 법은 2021년 1월 1일부터 시행한다. 〈단서 생략〉

제2조(사무이양을 위한 사전조치) ① 관계 중앙행정기관의 장은 이 법에 따른 중앙행정권한 및 사무의 지방 일괄 이양에 필요한 인력 및 재정 소요 사항을 지원하기 위하여 필요한 조치를 마련하여 이 법에 따른 시행일 3개월 전까지 국회 소관 상임위원회에 보고하여야 한다.

② 「지방자치분권 및 지방행정체제개편에 관한 특별법」 제44조에

따른 자치분권위원회는 제1항에 따른 인력 및 재정 소요 사항을 사전에 전문적으로 조사·평가할 수 있다.

제3조(행정처분 등에 관한 일반적 경과조치) 이 법 시행 당시 종전의 규정에 따라 행정기관이 행한 처분 또는 그 밖의 행위는 이 법의 규정에 따라 행정기관이 행한 처분 또는 그 밖의 행위로 보고, 종전의 규정에 따라 행정기관에 대하여 행한 신청·신고, 그 밖의 행위는 이 법의 규정에 따라 행정기관에 대하여 행한 신청·신고, 그 밖의 행위로 본다.

제4조 생략

부칙 〈제17796호, 2020. 12. 29.〉

이 법은 공포 후 6개월이 경과한 날부터 시행한다.

부칙 〈제17971호, 2021. 3. 23.〉

제1조(시행일) 이 법은 공포 후 1년 6개월이 경과한 날부터 시행한다.

제2조(헌혈증서 재발급에 관한 적용례) 제14조제1항 후단의 개정규정은 이 법 시행 후 최초로 발급하는 헌혈증서부터 적용한다.

부칙 〈제18626호, 2021. 12. 21.〉

이 법은 공포 후 1년 6개월이 경과한 날부터 시행한다. 다만, 제4조의3의 개정규정은 공포 후 3개월이 경과한 날부터 시행한다.

혈액관리법 시행령

[시행 2023. 6. 22.] [대통령령 제33454호, 2023. 5. 9., 일부개정]

**개정 예정 법률 밑줄 별도 표시.

혈액관리법 시행령

[시행 2023. 6. 22.] [대통령령 제33454호, 2023. 5. 9., 일부개정]

제1조(목적) 이 영은 「혈액관리법」에서 위임된 사항과 그 시행에 관하여 필요한 사항을 규정함을 목적으로 한다. 〈개정 2005. 1. 29.〉

제2조(국가헌혈추진협의회의 구성) ① 「혈액관리법」(이하 "법"이라 한다) 제4조의2제1항에 따른 국가헌혈추진협의회(이하 "국가헌혈협의회"라 한다)는 위원장 1명을 포함하여 10명 이내의 위원으로 구성한다.

② 국가헌혈협의회의 위원장은 보건복지부 제2차관으로 한다.

③ 국가헌혈협의회의 위원은 다음 각 호의 중앙행정기관 소속 3급 공무원, 고위공무원단에 속하는 일반직공무원 또는 이에 상당하는 공무원 중에서 소속 기관의 장이 지명하는 사람이 된다.

1. 기획재정부
2. 교육부
3. 국방부
4. 행정안전부
5. 국무조정실
6. 그 밖에 보건복지부장관이 필요하다고 인정하는 중앙행정기관

[본조신설 2021. 6. 15.]

[종전 제2조는 제2조의3으로 이동 〈2021. 6. 15.〉]

제2조의2(국가헌혈협의회의 운영) ① 국가헌혈협의회의 위원장은 회의를 소집하고, 그 의장이 된다.

② 국가헌혈협의회의 회의는 재적위원 과반수의 출석으로 개의하고, 출석위원 과반수의 찬성으로 의결한다.

③ 국가헌혈협의회의 사무를 처리하기 위하여 국가헌혈협의회에 간사 1명을 두며, 간사는 보건복지부장관이 그 소속 공무원 중에서 지명한다.

④ 제1항부터 제3항까지에서 규정된 사항 외에 국가헌혈협의회의 운영에 필요한 사항은 국가헌혈협의회의 의결을 거쳐 국가헌혈협의회의 위원장이 정한다.

[본조신설 2021. 6. 15.]

제2조의3(헌혈의 권장) ①보건복지부장관은 법 제4조의3제3항에 따라 혈액의 수급조절의 적정을 기하기 위하여 매년 헌혈권장에 관한 계획을 수립·시행해야 한다. 〈개정 2005. 1. 29., 2008. 2. 29., 2010. 3. 15., 2021. 6. 15.〉

②국가 및 지방자치단체의 기관은 제1항에 따른 헌혈권장에 적극 협조해야 하며, 대한적십자사 회장은 혈액의 수급조절을 위하여 공공단체·민간단체 또는 혈액원에 대하여 헌혈권장 등 필요한 협력을 요청할 수 있다. 〈개정 2005. 1. 29., 2019. 5. 28.〉

③보건복지부장관은 국민의 헌혈정신을 고취하고 헌혈권장을 위하여 헌혈사상 고취기간을 설정할 수 있다. 〈개정 2008. 2. 29., 2010. 3. 15., 2023. 5. 9.〉

④ 삭제 〈2023. 5. 9.〉

[제2조에서 이동 〈2021. 6. 15.〉]

제3조(헌혈자의 보호) 혈액원은 법 제4조의4제8항에 따라 헌혈자에게 채혈직후 필요한 음료를 제공하는 등 헌혈자의 보호를 위한 조치를 해야 한다. 〈개정 2005. 1. 29., 2021. 6. 15.〉

제3조의2(원료혈장 수급계획의 수립ㆍ시행) ① 보건복지부장관은 법 제4조의7에 따라 원료혈장의 안정적 수급을 위하여 매년 원료혈장의 안정적 수급에 관한 계획(이하 이 조에서 "수급계획"이라 한다)을 수립해야 한다.

② 보건복지부장관은 수급계획의 수립ㆍ시행을 위하여 필요한 경우에는 원료혈장을 공급하는 혈액원이나 원료혈장을 공급받는 혈장분획제제 제조업자에게 관련 자료 및 정보의 제공을 요청할 수 있다.

③ 제1항 및 제2항에서 규정한 사항 외에 수급계획의 수립 절차 및 보건복지부장관이 요청하는 자료ㆍ정보의 범위 등 수급계획의 수립ㆍ시행에 필요한 사항은 보건복지부장관이 정하여 고시한다.

[본조신설 2023. 5. 9.]

제3조의3(헌혈자를 위한 예우 증진 사업) 법 제4조의8에 따라 국가가 실시하는 헌혈자를 위한 예우 증진 사업은 다음 각 호와 같다.

1. 헌혈에 관하여 공로가 있는 자에 대한 유공 행사
2. 헌혈 장려를 위한 헌혈 교육 및 홍보 활동 지원
3. 그 밖에 헌혈자 예우를 위하여 보건복지부장관이 정하는 사업

[본조신설 2023. 5. 9.]

제4조(혈액관리위원회의 구성) ① 삭제 〈2005. 1. 29.〉

②법 제5조의 규정에 의한 혈액관리위원회(이하 "위원회"라 한다)의 부위원장은 보건복지부의 3급 공무원, 고위공무원단에 속하는 일반직공무원 또는 이에 상당하는 공무원중에서 보건복지부장관이 임명한다. 〈개정 2005. 1. 29., 2006. 6. 12., 2008. 2. 29., 2010. 3. 15.〉

③위원회의 위원은 다음 각호의 자중에서 보건복지부장관이 임명 또는 위촉한다. 〈신설 2005. 1. 29., 2006. 6. 12., 2008. 2. 29., 2010. 3. 15.〉

1. 관계행정기관 소속 2급이나 3급 공무원 또는 이에 상당하는 공무원(고위공무원단에 속하는 공무원을 포함한다)

2. 혈액원에 종사하는 자를 대표하는 자

3. 비영리민간단체지원법 제2조의 규정에 의한 비영리민간단체의 장의 추천을 받은 자

4. 언론계를 대표하는 자

5. 변호사의 자격을 가진 자

6. 혈액관리업무에 관한 학식과 경험이 풍부한 자

제4조의2(위원회 위원의 해임 및 해촉) 보건복지부장관은 제4조제3항 각 호에 따른 위원이 다음 각 호의 어느 하나에 해당하는 경우에는 해당 위원을 해임하거나 해촉(解囑)할 수 있다.

1. 심신장애로 인하여 직무를 수행할 수 없게 된 경우

2. 직무와 관련된 비위사실이 있는 경우

3. 직무태만, 품위손상이나 그 밖의 사유로 인하여 위원으로 적합하지 아니하다고 인정되는 경우

4. 위원 스스로 직무를 수행하는 것이 곤란하다고 의사를 밝히는 경우

[본조신설 2015. 12. 31.]

제5조(위원회의 운영) ①위원회의 위원장(이하 "위원장"이라 한다)은 위원회를 대표하고 위원회의 업무를 총괄하며, 부위원장은 위원장을 보좌하고 위원장이 부득이한 사유로 직무를 수행할 수 없는 때에는 그 직무를 대행한다. 〈개정 2005. 1. 29., 2019. 7. 2.〉

②위원장은 위원회의 회의를 소집하고, 그 의장이 된다.

③위원회의 회의는 보건복지부장관 또는 재적위원 3분의 1 이상의 요구가 있거나 위원장이 필요하다고 인정하는 때에 위원장이 소집한다. 〈신설 2005. 1. 29., 2008. 2. 29., 2010. 3. 15.〉

④위원회의 회의는 재적위원 과반수의 출석으로 개의하고, 출석위원 과반수의 찬성으로 의결한다.

⑤위원장은 필요하다고 인정하는 경우에 관계공무원 또는 전문가를 위원회에 출석시켜 그 의견을 들을 수 있다.

⑥위원회의 서무를 처리하기 위하여 위원회에 간사 1인을 두되, 간사는 보건복지부장관이 그 소속공무원중에서 임명한다. 〈개정 2008. 2. 29., 2010. 3. 15.〉

⑦위원장은 위원회에서 심의한 사항을 지체없이 보건복지부장관에게 보고하여야 한다. 〈개정 2005. 1. 29., 2008. 2. 29., 2010. 3. 15.〉

⑧ 삭제 〈2005. 1. 29.〉

제5조의2(소위원회) ①위원회는 심의사항을 전문적으로 검토하기 위

하여 전문분야별로 소위원회를 둘 수 있다.

②소위원회는 10명 이내의 위원으로 구성하고, 소위원회의 위원장은 소위원회의 위원중에서 호선한다. 〈개정 2023. 5. 9.〉

③소위원회의 위원장은 소위원회의 심의결과를 위원회에 보고하여야 하고, 소위원회의 심의를 거친 사항중 위원장이 경미하다고 인정하는 사항에 대하여는 위원회의 심의를 거친 것으로 본다.

[본조신설 2005. 1. 29.]

제5조의3(수당 등의 지급) 위원회 및 소위원회에 출석한 위원ㆍ관계전문가에 대하여는 예산의 범위안에서 수당과 여비를 지급할 수 있다. 다만, 공무원인 위원이 그 소관업무와 직접 관련하여 출석하는 경우에는 그러하지 아니하다.

[본조신설 2005. 1. 29.]

제5조의4(운영세칙) 이 영에서 규정한 것 외에 위원회 및 소위원회의 운영에 관하여 필요한 사항은 위원회의 의결을 거쳐 위원장이 정한다.

[본조신설 2005. 1. 29.]

제5조의5(채혈금지대상자에 대한 통지) ① 보건복지부장관은 법 제7조의2제4항에 따라 채혈금지대상자 명부에 기재된 자의 요청이 있는 경우 보건복지부령으로 정하는 바에 따라 채혈금지 사유 및 기간 등 관련 사항을 통지할 수 있다. 〈개정 2010. 3. 15.〉

② 보건복지부장관은 제1항에 따른 통지를 하는 경우 밀봉하는 등의 방법으로 채혈금지대상자 본인 외의 사람은 알 수 없도록 하여야 하며, 채혈금지기간 동안 헌혈하지 않도록 안내하여야 한다.

〈개정 2010. 3. 15.〉

③ 제1항 및 제2항에서 규정한 사항 외에 채혈금지대상자에 대한 통지에 관하여 필요한 사항은 보건복지부령으로 정한다. 〈개정 2010. 3. 15.〉

[본조신설 2009. 1. 30.]

제6조(부적격혈액 폐기처분의 예외) 법 제8조제2항 단서에 따라 부적격혈액을 폐기처분하지 아니할 수 있는 경우는 다음 각 호와 같다. 〈개정 2005. 1. 29., 2009. 1. 30., 2016. 6. 30.〉

1. 예방접종약의 원료로 사용되는 경우

2. 의학연구 또는 의약품·의료기기 개발에 사용되는 경우

3. 혈액제제 등의 의약품이나 의료기기의 품질관리를 위한 시험에 사용되는 경우

제7조(기록제출) 보건복지부장관은 법 제13조제1항의 규정에 의하여 혈액원에 대하여 법 제12조제1항의 규정에 의한 혈액관리업무에 관한 기록을 제출하게 할 수 있다. 〈개정 2008. 2. 29., 2010. 3. 15.〉

제7조의2(혈액관리업무 심사평가) ①법 제13조제3항의 규정에 의한 심사평가는 정기평가와 수시평가로 구분하여 실시한다.

②정기평가는 2년마다 실시하고, 수시평가는 정기평가를 받은 혈액원이 그 평가결과에 따른 평가수준을 지속적으로 유지하고 있는지를 확인할 필요가 있는 경우에 실시한다.

③심사평가의 기준은 다음 각호와 같다.

1. 헌혈자 보호 등 채혈과정의 적정성에 관한 사항

2. 혈액검사의 정확성에 관한 사항

3. 혈액제제의 제조·보존·공급 및 품질관리의 안전성에 관한 사항

④보건복지부장관은 심사평가업무의 일부를 관계전문기관 또는 단체로 하여금 수행하게 할 수 있다. 〈개정 2008. 2. 29., 2010. 3. 15.〉

⑤제3항의 규정에 의한 심사평가의 세부기준 그 밖에 심사평가에 관하여 필요한 사항은 보건복지부장관이 정하여 고시한다. 〈개정 2008. 2. 29., 2010. 3. 15.〉

[본조신설 2005. 1. 29.]

제8조(헌혈환급적립금의 용도) 법 제15조제3항제4호에서 "대통령령으로 정하는 용도"란 다음 각 호의 어느 하나에 해당하는 용도를 말한다. 〈개정 2005. 1. 29., 2009. 1. 30.〉

1. 특정수혈부작용에 대한 실태조사 및 연구

2. 혈액원 혈액관리업무의 전산화에 대한 지원

3. 삭제 〈2009. 1. 30.〉

[제목개정 2019. 5. 28.]

제9조(헌혈환급적립금의 관리 및 운영) ①제10조제5호에 따라 헌혈환급적립금(이하 "적립금"이라 한다)의 조성·관리업무를 위탁받은 대한적십자사 회장은 적립금을 대한적십자사의 다른 회계와 구분하여 독립된 계정으로 운영해야 한다. 〈개정 2009. 1. 30., 2019. 5. 28., 2020. 9. 8.〉

②대한적십자사 회장은 적립금의 수입과 지출을 명확히 하기 위하여 「은행법」에 따른 은행에 적립금 계좌를 설정해야 한다. 〈개정 2005. 1. 29., 2010. 11. 15., 2019. 5. 28.〉

[제목개정 2019. 5. 28.]

제10조(업무의 위탁) 보건복지부장관은 법 제17조제2항에 따라 다음 각 호의 업무를 대한적십자사 회장에게 위탁한다.

1. 법 제7조의2제1항 및 제4항에 따른 채혈금지대상자 명부의 작성·관리 및 통지에 관한 업무

2. 법 제8조제6항 및 제7항에 따른 헌혈자 및 그의 혈액검사에 관한 정보의 보고 접수 및 유지·관리에 관한 업무

3. 법 제14조제4항에 따른 보상업무

4. 법 제15조제1항에 따른 헌혈환급예치금의 수납업무

5. 법 제15조제2항에 따른 적립금의 조성·관리업무

[전문개정 2020. 9. 8.]

제10조의2(민감정보 및 고유식별정보의 처리) ① 보건복지부장관(제10조에 따라 보건복지부장관의 업무를 위탁받은 자를 포함한다) 또는 혈액원은 다음 각 호의 사무를 수행하기 위하여 불가피한 경우 「개인정보 보호법」 제23조제1항에 따른 건강 및 성생활에 관한 정보, 같은 법 시행령 제18조제2호에 따른 범죄경력자료에 해당하는 정보, 같은 영 제19조제1호 또는 제4호에 따른 주민등록번호 또는 외국인등록번호가 포함된 자료를 처리할 수 있다. 〈개정 2019. 5. 28., 2020. 9. 8., 2020. 12. 1.〉

1. 법 제6조에 따른 혈액관리업무 및 혈액원 개설 등에 관한 사무

2. 법 제7조에 따른 헌혈자의 신원확인 및 건강진단 등에 관한 사무

3. 법 제7조의2에 따른 채혈금지대상자의 관리에 관한 사무

4. 법 제8조에 따른 혈액의 안전성 확보에 관한 사무

5. 법 제8조의2에 따른 혈액사고발생시 조치 등에 관한 사무

6. 법 제10조에 따른 특정수혈부작용에 대한 조치에 관한 사무

7. 법 제10조의2에 따른 특정수혈부작용 및 채혈부작용의 보상에 관한 사무

8. 법 제12조에 따른 혈액관리업무에 관한 기록의 작성 등에 관한 사무

9. 법 제12조의2에 따른 전자혈액관리업무기록의 작성 등에 관한 사무

10. 법 제13조에 따른 품질관리 검사 등에 관한 사무

11. 법 제14조에 따른 헌혈증서의 발급 및 보상 등에 관한 사무

12. 법 제17조의3에 따른 혈액원의 개설허가 취소 등에 관한 사무

② 특별시장ㆍ광역시장ㆍ특별자치시장ㆍ도지사ㆍ특별자치도지사는 법 제10조제1항 및 제2항에 따른 특정수혈부작용 발생신고의 접수 및 통보에 관한 사무를 수행하기 위하여 불가피한 경우 「개인정보 보호법」 제23조제1항에 따른 건강 및 성생활에 관한 정보, 같은 법 시행령 제18조제2호에 따른 범죄경력자료에 해당하는 정보, 같은 영 제19조제1호 또는 제4호에 따른 주민등록번호 또는 외국인등록번호가 포함된 자료를 처리할 수 있다. 〈신설 2020. 9. 8.〉

[본조신설 2012. 1. 6.]

제10조의3(규제의 재검토) 보건복지부장관은 제11조 및 별표에 따른 과태료의 부과기준에 대하여 2014년 1월 1일을 기준으로 3년마다(매 3년이 되는 해의 1월 1일 전까지를 말한다) 그 타당성을 검

토하여 개선 등의 조치를 하여야 한다.

[본조신설 2013. 12. 30.]

제11조(과태료의 부과기준) 법 제23조제1항에 따른 과태료의 부과기준은 별표와 같다.

[전문개정 2009. 1. 30.]

부칙 <제16241호, 1999. 4. 9.>

이 영은 공포한 날부터 시행한다.

부칙 <제18312호, 2004. 3. 17.> (전자적민원처리를위한가석방자관리규정등중개정령)

이 영은 공포한 날부터 시행한다.

부칙 <제18692호, 2005. 1. 29.>

이 영은 2005년 1월 30일부터 시행한다.

부칙 <제19513호, 2006. 6. 12.> (고위공무원단 인사규정)

제1조 (시행일) 이 영은 2006년 7월 1일부터 시행한다.

제2조 및 제3조 생략

제4조 (다른 법령의 개정) ①내지 <234>생략

<235>혈액관리법 시행령 일부를 다음과 같이 개정한다.

제4조제2항중 "보건복지부 소속 2급이나 3급 공무원"을 "보건복지부의 3급 공무원, 고위공무원단에 속하는 일반직공무원"으로 하

고, 동조제3항제1호중 “이에 상당하는 공무원”을 “이에 상당하는 공무원(고위공무원단에 속하는 공무원을 포함한다)”로 한다.

〈236〉내지 〈241〉생략

부칙 〈제20679호, 2008. 2. 29.〉 (보건복지가족부와 그 소속기관 직제)

제1조(시행일) 이 영은 공포한 날부터 시행한다.

제2조 부터 제8조까지 생략

제9조(다른 법령의 개정) ① 부터 〈77〉 까지 생략

〈78〉 혈액관리법 시행령 일부를 다음과 같이 개정한다.

제2조제1항·제3항 및 제4항, 제4조제2항 및 제3항 각 호 외의 부분, 제5조제3항·제6항 및 제7항, 제7조, 제7조의2제4항 및 제5항, 제10조제1항 각 호 외의 부분 및 제2항 각 호 외의 부분, 제11조제1항부터 제3항까지, 별표의 비고란 본문 중 “보건복지부장관”을 각각 “보건복지가족부장관”으로 한다.

제4조제2항 중 “보건복지부”를 “보건복지가족부”로 한다.

제11조제4항 중 “보건복지부령”을 “보건복지가족부령”으로 한다.

〈79〉 및 〈80〉 생략

부칙 〈제21284호, 2009. 1. 30.〉

이 영은 2009년 3월 29일부터 시행한다. 다만, 제5조의5, 제10조제2항제1호 및 별표 제1호란의 개정규정은 공포한 날부터 시행한다.

부칙 〈제22075호, 2010. 3. 15.〉 (보건복지부와 그 소속기관 직제)

제1조(시행일) 이 영은 2010년 3월 19일부터 시행한다. 〈단서 생략〉

제2조(다른 법령의 개정) ① 부터 〈181〉 까지 생략

〈182〉 혈액관리법 시행령 일부를 다음과 같이 개정한다.

제2조제1항 · 제3항 및 제4항, 제4조제2항 및 제3항 각 호 외의 부분, 제5조제3항 · 제6항 및 제7항, 제5조의5제1항 및 제2항, 제7조, 제7조의2제4항 및 제5항, 제10조제1항 각 호 외의 부분 및 제2항 각 호 외의 부분 및 별표의 비고 중 “보건복지가족부장관”을 각각 “보건복지부장관”으로 한다.

제4조제2항 중 “보건복지가족부”를 “보건복지부”로 한다.

제5조의5제1항 및 제3항 중 “보건복지가족부령”을 각각 “보건복지부령”으로 한다.

〈183〉 부터 〈187〉 까지 생략

부칙 〈제22493호, 2010. 11. 15.〉 (은행법 시행령)

제1조(시행일) 이 영은 2010년 11월 18일부터 시행한다.

제2조 및 제3조 생략

제4조(다른 법령의 개정) ①부터 〈114〉까지 생략

〈115〉 혈액관리법 시행령 일부를 다음과 같이 개정한다.

제9조제2항 중 “금융기관”을 “은행”으로 한다.

제5조 생략

부칙 〈제23488호, 2012. 1. 6.〉 (민감정보 및 고유식별정보 처리 근거 마련을 위한 과세자료의 제출 및 관리에 관한 법률 시행령 등 일부개정령)

제1조(시행일) 이 영은 공포한 날부터 시행한다. 〈단서 생략〉

제2조 생략

부칙 〈제25050호, 2013. 12. 30.〉 (행정규제기본법 개정에 따른 규제 재검토기한 설정을 위한 주택법 시행령 등 일부개정령)

이 영은 2014년 1월 1일부터 시행한다. 〈단서 생략〉

부칙 〈제26844호, 2015. 12. 31.〉 (행정기관 소속 위원회 운영의 공정성 및 책임성 강화를 위한 국민건강보험법 시행령 등 일부개정령)

이 영은 공포한 날부터 시행한다.

부칙 〈제27299호, 2016. 6. 30.〉 (행정규제 정비를 위한 개발제한구역의 지정 및 관리에 관한 특별조치법 시행령 등 일부개정령)

제1조(시행일) 이 영은 2016년 7월 1일부터 시행한다. 〈단서 생략〉

제2조 부터 제8조까지 생략

제9조(「혈액관리법 시행령」 개정에 관한 적용례) 「혈액관리법 시행령」 제6조제2호 및 제3호의 개정규정은 이 영 시행 전에 부적격혈액으로 확인된 혈액으로서 이 영 시행 당시 「혈액관리법」 제8조제2항 본문에 따라 폐기처분되지 아니한 부적격혈액에 대해서도 적용한다.

제10조 부터 제15조까지 생략

부칙 〈제29794호, 2019. 5. 28.〉

이 영은 공포한 날부터 시행한다.

부칙 〈제29950호, 2019. 7. 2.〉 (어려운 법령용어 정비를 위한 210개 법령의 일부개정에 관한 대통령령)

이 영은 공포한 날부터 시행한다. 〈단서 생략〉

부칙 〈제30993호, 2020. 9. 8.〉 (중앙행정권한 및 사무 등의 지방 일괄 이양을 위한 30개 대통령령의 일부개정에 관한 대통령령)

이 영은 2021년 1월 1일부터 시행한다.

부칙 〈제31209호, 2020. 12. 1.〉

이 영은 2020년 12월 4일부터 시행한다. 다만, 제10조의2제1항제12호의 개정규정은 2021년 1월 1일부터 시행한다.

부칙 〈제31775호, 2021. 6. 15.〉

이 영은 2021년 6월 30일부터 시행한다.

부칙 〈제33454호, 2023. 5. 9.〉

제1조(시행일) 이 영은 2023년 6월 22일부터 시행한다.

제2조(원료혈장 수급계획의 수립에 관한 적용례) 제3조의2제1항의 개정규정은 2024년도에 수립하는 수급계획부터 적용한다.

별표 / 서식

[별표] 과태료의 부과기준(제11조 관련)

혈액관리법 시행규칙

[시행 2024. 10. 14.] [보건복지부령 제1063호, 2024. 10. 14., 일부개정]

**개정 예정 법률 밑줄 별도 표시.

혈액관리법 시행규칙

[시행 2024. 10. 14.] [보건복지부령 제1063호, 2024. 10. 14., 일부개정]

제1조(목적) 이 규칙은 「혈액관리법」 및 동법시행령에서 위임된 사항과 그 시행에 관하여 필요한 사항을 규정함을 목적으로 한다. 〈개정 2005. 1. 29.〉

제2조(부적격혈액 및 판정기준) 「혈액관리법」(이하 "법"이라 한다) 제2조제5호에 따른 부적격혈액의 범위와 법 제8조제3항에 따른 혈액 및 혈액제제의 적격여부에 관한 판정기준은 별표 1과 같다. 〈개정 2005. 1. 29., 2015. 1. 12.〉

제2조의2(채혈금지대상자) 법 제2조제6호에서 "보건복지부령으로 정하는 사람"이란 별표 1의2에 해당하는 사람을 말한다. 〈개정 2010. 3. 19., 2015. 1. 12.〉

[본조신설 2009. 1. 30.]

제3조(특정수혈부작용) 법 제2조제7호에 따른 특정수혈부작용은 다음 각호의 1과 같다. 〈개정 2005. 1. 29., 2015. 1. 12.〉

1. 사망
2. 장애(「장애인복지법」 제2조의 규정에 의한 장애를 말한다)
3. 입원치료를 요하는 부작용

4. 바이러스등에 의하여 감염되는 질병

5. 의료기관의 장이 제1호 내지 제4호의 규정에 의한 부작용과 유사하다고 판단하는 부작용

제4조(혈액 관련 의약품) 법 제2조제8호마목에 따른 혈액 관련 의약품은 별표 2와 같다. 〈개정 2015. 1. 12., 2022. 10. 12.〉

[제목개정 2022. 10. 12.]

제5조(혈액제제제조업자) 법 제6조제1항제3호에서 "보건복지부령이 정하는 혈액제제제조업자"라 함은 「약사법」 제31조에 따라 법 제2조제8호에 따른 혈액제제의 제조업허가를 받은 자를 말한다. 〈개정 2002. 7. 12., 2005. 1. 29., 2008. 3. 3., 2009. 1. 30., 2010. 3. 19., 2015. 1. 12.〉

제5조의2(시설ㆍ장비 등) 법 제6조제2항의 규정에 의하여 혈액관리업무를 행하는 자가 갖추어야 할 시설ㆍ장비 등은 별표 4와 같다.

[본조신설 2002. 7. 12.]

제5조의3(혈액원의 개설허가 및 변경허가) ①법 제6조제3항의 규정에 의하여 혈액원의 개설허가를 받고자 하는 자는 별지 제1호서식에 의한 신청서에 다음 각호의 서류를 첨부하여 보건복지부장관에게 제출하여야 한다. 〈개정 2007. 3. 6., 2008. 3. 3., 2010. 3. 19., 2019. 9. 27.〉

1. 의료기관개설신고확인증 또는 의료기관개설허가증 사본(의료기관인 경우에 한한다)

2. 법 제6조의3제2항의 규정에 의한 혈액제제제조관리자(이하 "제조관리자"라 한다)의 의사면허증 사본(법 제17조의3의 규정에 의

하여 혈액제제를 자체에서 소비할 목적으로 공급하는 혈액원을 제외한다)

3. 혈액원으로 사용하고자 하는 건물 부분의 평면도와 구조설명서

4. 혈액원의 시설·장비 및 인력 현황을 기재한 서류

5. 혈액사업계획서

6. 제조하고자 하는 혈액제제의 품목 현황을 기재한 서류

7. 업무지침서

②보건복지부장관은 혈액원의 개설허가를 하는 때에는 별지 제1호의2서식에 의한 혈액원개설신청 및 허가대장에 해당사항을 기재하고, 신청인에게 별지 제1호의3서식에 의한 혈액원개설허가증을 교부하여야 한다. 〈개정 2008. 3. 3., 2010. 3. 19.〉

③혈액원의 개설허가를 받은 자가 허가증을 분실 또는 훼손하여 재교부의 신청을 하고자 하는 때에는 별지 제1호의4서식에 의한 혈액원개설허가증 재교부신청서를 보건복지부장관에게 제출하여야 한다. 〈개정 2008. 3. 3., 2010. 3. 19.〉

④법 제6조제3항에서 "보건복지부령이 정하는 중요한 사항"이라 함은 다음 각호의 어느 하나에 해당하는 사항을 말한다. 〈개정 2007. 3. 6., 2008. 3. 3., 2010. 3. 19., 2017. 3. 20.〉

1. 혈액원의 명칭

2. 혈액원의 소재지

2의2. 혈액원의 개설자

2의3. 혈액원의 장

3. 제조관리자

4. 혈액제제 제조품목

5. 혈액원 부속 채혈시설

⑤혈액원의 개설허가를 받은 자가 제4항 각호의 어느 하나에 해당하는 사항을 변경하기 위하여 변경허가를 받고자 하는 때에는 별지 제1호서식에 따른 신청서에 혈액원개설허가증과 변경내용을 증명하는 서류를 첨부하여 보건복지부장관에게 제출하여야 한다. 이 경우 제4항제5호에 따른 혈액원 부속 채혈시설을 새로 설치하거나 추가할 때에는 다음 각 호에 따른 서류를 제출하여야 한다. 〈개정 2008. 3. 3., 2010. 3. 19., 2017. 3. 20.〉

1. 혈액원 부속 채혈시설로 사용되는 건물의 평면도 및 구조설명서 각 1부

2. 혈액원 부속 채혈시설의 시설·장비 및 인력 현황을 기재한 서류 1부

3. 혈액원 부속 채혈시설 운영계획서 1부

⑥보건복지부장관은 변경허가를 하는 때에는 혈액원개설허가증을 재교부하여야 한다. 〈개정 2008. 3. 3., 2010. 3. 19.〉

[본조신설 2005. 1. 29.]

제5조의4(제조관리자의 준수사항) 법 제6조의3제2항의 규정에 의하여 혈액원의 제조관리자가 준수하여야 하는 사항은 다음 각호와 같다. 〈개정 2007. 3. 6.〉

1. 보건위생상 위해가 없도록 혈액의 검사·혈액제제의 제조·보존 등 혈액제제의 제조업무에 필요한 시설 및 장비를 위생적으로 관리할 것

2. 혈액제제 제조업무에 종사하는 자에 대한 교육계획을 수립하고 연 2회 이상 교육을 실시할 것

3. 혈액제제 제조업무가 업무지침서에 맞게 수행되는지 여부를 연 1회 이상 점검하고 그 내용을 기록할 것

4. 혈액제제 제조과정에 대한 시험검사를 실시할 것

[본조신설 2005. 1. 29.]

제5조의5(혈액원의 휴업 등의 신고 등) ①혈액원의 개설자가 법 제6조의4제1항에 따라 휴업·폐업 또는 재개업하고자 하는 때에는 별지 제1호의5서식에 따른 혈액원 휴·폐업 및 재개업신고서를 보건복지부장관에게 제출해야 한다. 이 경우 휴업 또는 폐업신고시에는 혈액원개설허가증을 첨부해야 한다. 〈개정 2008. 3. 3., 2010. 3. 19., 2019. 8. 16.〉

②법 제6조의4제2항 본문에 따라 혈액원을 폐업 또는 휴업하는 자가 대한적십자사 회장에게 이관해야 하는 서류는 다음 각 호와 같다. 〈개정 2015. 1. 12., 2019. 8. 16.〉

1. 제14조제1항 각 호의 서류

2. 사용하지 않은 헌혈증서

3. 헌혈환급예치금 납부 관련 서류

③법 제6조의4제2항 단서에 따라 혈액관리업무기록 등을 자체 보관하기 위하여 허가를 받으려는 혈액원의 개설자는 별지 제1호의6서식에 따른 혈액관리업무기록보관계획서를 보건복지부장관에게 제출해야 한다. 〈개정 2008. 3. 3., 2010. 3. 19., 2019. 8. 16.〉

[본조신설 2005. 1. 29.]

제6조(헌혈자의 건강진단 등) ① 법 제7조제1항에 따라 혈액원은 헌혈자로부터 채혈하기 전에 사진이 붙어 있어 본인임을 확인할 수 있는 주민등록증, 여권, 학생증, 그 밖의 신분증명서에 따라 그 신원을 확인하여야 한다. 다만, 학생, 군인 등의 단체헌혈의 경우 그 관리 · 감독자의 확인으로 갈음할 수 있다. 〈개정 2015. 1. 12.〉

② 제1항에 따른 신원확인 후에 혈액원은 헌혈자에 대하여 채혈을 실시하기 전에 다음 각 호에 해당하는 건강진단을 실시하여야 한다. 〈개정 2011. 8. 31.〉

1. 과거의 헌혈경력 및 혈액검사결과와 채혈금지대상자 여부의 조회
2. 문진 · 시진 및 촉진
3. 체온 및 맥박 측정
4. 체중 측정
5. 혈압 측정
6. 다음 각 목의 어느 하나에 따른 빈혈검사
   가. 황산구리법에 따른 혈액비중검사
   나. 혈색소검사
   다. 적혈구용적률검사
7. 혈소판계수검사(혈소판성분채혈의 경우에만 해당한다)

③ 혈액원은 제2항제1호에 따른 조회를 하려는 때에는 별지 제1호의7서식의 신청서(전자문서를 포함한다)를 대한적십자사 회장에게 제출해야 한다. 〈개정 2019. 8. 16.〉

④ 대한적십자사 회장은 제3항에 따른 신청을 받은 때에는 제2항제1호에 따른 사항을 확인한 후 그 내용을 지체 없이 혈액원에 통

지(전자문서를 포함한다)해야 한다. <개정 2019. 8. 16.>

⑤ 법 제7조제5항 단서에 따라 제2항제1호에 따른 조회를 하지 않을 수 있는 경우는 다음 각 호와 같다. <개정 2019. 8. 16.>

1. 헌혈자 본인에게 수혈하기 위하여 채혈하는 경우

2. 천재지변, 재해, 그 밖에 이에 준하는 사유로 인하여 전산 또는 유선 등의 방법으로 정보조회가 불가능한 경우

3. 긴급하게 수혈하지 아니하면 수혈자의 생명이 위태로운 경우로서 신속한 정보조회가 불가능한 경우

⑥ 법 제7조제6항에 따른 혈액원 등이 제공받을 수 있는 정보의 범위는 다음 각 호와 같다. <개정 2010. 12. 30., 2011. 8. 31.>

1. 감염병환자 및 약물복용환자 등의 주민등록번호 등 인적 사항

2. 진단명 또는 처방약물명

3. 진단일 또는 처방일

[전문개정 2009. 1. 30.]

제7조(채혈금지대상자의 범위) 법 제7조제2항에 따른 감염병환자 및 건강기준에 미달하는 자는 별표 1의2와 같다. 다만, 헌혈자 본인에게 수혈하기 위하여 채혈을 하려는 때에는 별표 1의2에 따른 기준을 적용하지 아니한다. <개정 2010. 12. 30.>

[전문개정 2009. 1. 30.]

제7조의2(채혈금지대상자의 관리 등) ① 법 제7조의2제1항에 따라 대한적십자사 회장은 별표 1의2의 채혈금지대상자를 별지 제1호의8서식의 채혈금지대상자 관리대장(전자문서를 포함한다)에 기록하고 관리해야 한다. <개정 2010. 12. 30., 2019. 8. 16.>

② 법 제7조의2제3항에 따라 혈액원은 별표 1의2 제5호에 따른 선별검사결과 부적격 요인에 해당하는 사람 중 같은 표 제2호가목2)에 따른 채혈금지기간이 지난 후 별표 4의2의 안전성 검사를 통과한 사람으로부터 채혈할 수 있다. 〈개정 2011. 8. 31., 2019. 8. 16.〉

③ 혈액원은 제2항에 따른 안전성 검사를 실시하는 경우 검사 대상자의 명단 및 검사결과 등을 별지 제1호의9서식(전자문서를 포함한다)에 따라 대한적십자사 회장을 거쳐 보건복지부장관에게 보고해야 한다. 〈개정 2010. 3. 19., 2019. 8. 16.〉

④ 대한적십자사 회장은 혈액원으로부터 제3항에 따른 보고를 받은 경우 채혈금지대상자 관리대장에서 안전성 검사를 통과한 사람을 제외해야 한다. 〈개정 2019. 8. 16.〉

⑤ 「혈액관리법 시행령」(이하 "영"이라 한다) 제5조의5제1항에 따른 채혈금지대상자에 대한 통지는 별지 제1호의10서식에 따른다.

[본조신설 2009. 1. 30.]

제8조(혈액의 적격여부 검사등) ① 혈액원은 법 제8조제1항에 따라 헌혈자로부터 혈액을 채혈한 때에는 지체 없이 그 혈액에 대한 간기능검사(ALT검사, 수혈용으로 사용되는 혈액만 해당한다), 비(B)형간염검사, 시(C)형간염검사, 매독검사, 후천성면역결핍증검사, 사람T세포림프친화바이러스(HTLV) 검사(혈장성분은 제외한다), 그 밖에 보건복지부장관이 정하는 검사를 실시하고, 혈액 및 혈액제제의 적격 여부를 확인하여야 한다. 다만, 다음 각 호의 어느 하나에 해당하는 경우로서 별표 1 제2호에 따른 혈액선별검사 중 B형간염바이러스(HBV) · C형간염바이러스(HCV) · 사람면역결핍바이러스(HIV) 핵

산증폭검사 및 사람T세포림프친화바이러스(HTLV) 검사를 하는 경우에는 그 결과를 수혈 후에 확인할 수 있다. 〈개정 2015. 1. 12., 2017. 3. 20., 2017. 3. 27., 2018. 11. 19., 2019. 9. 27.〉

1. 섬 지역에서 긴급하게 수혈하지 아니하면 생명이 위태로운 상황 또는 기상악화 등으로 적격 여부가 확인된 혈액·혈액제제를 공급받을 수 없는 경우

2. 성분채혈백혈구 또는 성분채혈백혈구혈소판을 수혈하는 경우

② 제1항에도 불구하고 혈액원은 헌혈자 본인에게 수혈하기 위하여 헌혈자로부터 혈액을 채혈한 때에는 제1항에 따른 검사를 실시하지 아니할 수 있다. 〈신설 2015. 1. 12.〉

③제1항에 따른 검사는 의사의 지도하에 「의료기사 등에 관한 법률」 제2조에 따른 임상병리사에 의하여 실시되어야 한다. 〈개정 2009. 1. 30., 2015. 1. 12.〉

④혈액원은 제1항에 따른 검사 결과(후천성면역결핍증 검사결과를 제외한다)를 헌혈자에게 통보하여야 한다. 다만, 헌혈자가 적격으로 판정된 검사결과의 통보를 명시적으로 거부하는 경우에는 그러하지 아니하다. 〈개정 2011. 8. 31., 2015. 1. 12., 2018. 11. 19.〉

제9조(헌혈금지약물의 범위) 법 제8조제1항제2호에서 “보건복지부령으로 정하는 헌혈금지약물”이란 다음 각 호의 구분에 따른 약물을 말한다. 〈개정 2019. 9. 27.〉

1. 영구적 헌혈금지약물: 복용한 경우에는 영구적으로 헌혈이 금지되는 다음 각 목의 약물

가. 에트레티네이트(Etretinate, 중증건선치료제) 성분의 약물

나. 뇌하수체 유래 성장호르몬

다. 소에서 유래한 인슐린

라. 변종크로이츠펠트-야콥병(vCJD) 위험지역에서 채혈된 혈액의 혈청으로 제조된 진단시약

마. 그 밖에 약물의 성분이나 특성 등을 고려하여 영구적 헌혈 제한이 필요하다고 보건복지부장관이 인정하여 고시하는 약물

2. 상대적 헌혈금지약물: 복용한 경우에는 일정기간 동안 헌혈이 금지되는 다음 각 목의 약물

가. 아시트레틴 성분의 약물

나. B형간염 면역글로불린 또는 태반주사제

다. 두타스테라이드 성분의 약물

라. 이소트레티노인 또는 피나스테라이드 성분의 약물

마. 그 밖에 약물의 성분이나 특성 등을 고려하여 일정기간 헌혈 제한이 필요하다고 보건복지부장관이 인정하여 고시하는 약물

[본조신설 2016. 8. 18.]

제10조(부적격혈액의 폐기처분전 처리) ①법 제8조제2항의 규정에 의하여 혈액원 등 혈액관리업무를 하는 자(이하 "혈액원등"이라 한다)가 부적격혈액을 발견한 때에는 폐기처분 전까지 다음 각호의 방법에 의하여 처리하여야 한다. 〈개정 2005. 1. 29., 2007. 3. 6.〉

1. 부적격혈액이 발견된 즉시 식별이 용이하도록 혈액용기의 겉면에 그 사실 및 사유를 기재할 것

2. 부적격혈액은 적격혈액과 분리하여 잠금장치가 설치된 별도의 격리공간에 보관할 것

② 삭제 〈2005. 1. 29.〉

제11조(부적격혈액의 폐기처분등) ①혈액원등은 제10조제1항에 따른 부적격혈액을 「폐기물관리법 시행규칙」 제14조를 준용하여 폐기처분하여야 한다. 〈개정 2005. 1. 29., 2009. 1. 30.〉

②혈액원등은 매 연도말 기준으로 별지 제4호서식의 부적격혈액 처리현황을 작성하여 다음달 10일까지 보건복지부장관에게 제출하여야 한다. 〈개정 2005. 1. 29., 2008. 3. 3., 2010. 3. 19., 2012. 7. 4.〉

제11조의2(부적격혈액의 의료기관 통보 등) ① 법 제8조제4항에 따라 혈액원이 부적격혈액의 출고정보를 의료기관에 알리는 경우에는 다음 각 호의 사항이 포함된 별지 제4호의2서식의 부적격혈액 출고정보서(전자문서를 포함한다)에 따른다.

1. 공급혈액원에 관한 사항

2. 부적격혈액 정보에 관한 사항

3. 부적격혈액의 채혈일자 및 공급일자

4. 그 밖에 부적격혈액 출고정보에 대하여 의료기관에 알려야 할 필요가 있다고 보건복지부장관이 정하는 사항

② 제1항에 따라 부적격혈액 출고정보를 통보받은 의료기관은 다음 각 호의 구분에 따라 해당 부적격혈액(사용하지 아니한 부적격혈액만 해당한다)을 처리하여야 한다.

1. 폐기처분 전: 제10조제1항 각 호의 방법에 따라 부적격혈액을 관리할 것

2. 폐기처분 시: 제11조제1항의 방법에 따라 부적격혈액을 폐기

처분할 것

③ 제1항에 따라 부적격혈액 출고정보를 통보받은 의료기관은 해당 부적격혈액을 이미 사용하였거나 제2항에 따라 처리한 경우에는 보건복지부장관이 정하는 바에 따라 그 사용내역 또는 처리결과를 혈액원에 지체없이 알려야 한다.

[본조신설 2016. 8. 18.]

[종전 제11조의2는 제11조의4로 이동 〈2016. 8. 18.〉]

제11조의3(부적격혈액의 수혈자 통보 등) ① 혈액원은 다음 각 호의 어느 하나에 해당하는 경우 법 제8조제5항에 따라 부적격혈액의 수혈정보를 수혈자에게 알려야 한다. 〈신설 2024. 10. 14.〉

1. 제8조제1항에 따른 비(B)형간염검사 등 혈액매개감염병 관련 혈액선별검사 결과 부적격혈액으로 판정된 혈액이 출고되어 수혈된 경우

2. 혈액원의 제12조 각 호에 따른 혈액관리업무 수행 기준 위반으로 인해 부적격혈액이 출고되어 수혈된 경우

3. 그 밖에 수혈자의 생명과 안전을 확보하기 위하여 부적격혈액의 수혈정보를 통보할 필요가 있다고 보건복지부장관이 인정하는 경우

② 혈액원은 제1항에 따라 부적격혈액의 수혈정보를 수혈자에게 알리는 경우에는 다음 각 호의 사항이 포함된 별지 제4호의3서식의 부적격혈액 수혈정보서(전자문서를 포함한다)에 따른다. 〈개정 2024. 10. 14.〉

1. 공급혈액원에 관한 사항

2. 수혈 의료기관에 관한 사항

3. 수혈자 정보에 관한 사항

4. 부적격혈액 정보에 관한 사항

5. 부적격혈액의 채혈일자, 공급일자 및 수혈일자

6. 그 밖에 부적격혈액 수혈정보에 대하여 수혈자에게 알려야 할 필요가 있다고 보건복지부장관이 정하는 사항

③ 혈액원은 법 제8조제5항에 따른 부적격혈액 수혈정보 통보를 위하여 필요하다고 인정하는 경우에는 관계 행정기관 또는 의료기관에 필요한 자료를 요청할 수 있다. 〈개정 2024. 10. 14.〉

④ 혈액원이 제2항에 따른 부적격혈액의 수혈정보를 수혈자에게 알릴 수 없는 부득이한 사유가 있는 경우에는 지체없이 그 사실을 보건복지부장관에게 알려야 한다. 〈개정 2024. 10. 14.〉

[본조신설 2016. 8. 18.]

제11조의4(헌혈자의 혈액정보 통보) ①혈액원은 법 제8조제6항에 따라 헌혈자에 대한 다음 각 호의 혈액정보를 채혈일부터 3일 이내에 별지 제4호의4서식의 통보서(전자문서를 포함한다)에 기재하여 대한적십자사 회장에게 통보해야 한다. 〈개정 2016. 8. 18., 2019. 8. 16.〉

1. 헌혈자의 인적사항

2. 혈액 및 혈액제제 종류

3. 헌혈일자 및 헌혈증서번호

4. 혈액검사 결과

②혈액원은 제1항에 따라 혈액정보를 통보한 혈액을 공급하거나

폐기한 때에는 별지 제4호의4서식의 통보서(전자문서를 포함한다)에 다음 각 호의 어느 하나에 해당하는 사항을 기재하여 공급일 또는 폐기일부터 7일 이내에 대한적십자사 회장에게 통보해야 한다. 〈개정 2019. 8. 16.〉

1. 혈액을 혈액제제로 제조하여 공급한 경우 : 혈액제제의 공급일자 및 공급처(자체에서 소비할 목적으로 제조하는 경우를 포함한다)

2. 혈액이 부적격혈액으로 분류되어 폐기처분한 경우 : 혈액제제의 폐기일자 및 폐기사유

[전문개정 2007. 3. 6.]

[제11조의2에서 이동 〈2016. 8. 18.〉]

제12조(혈액관리업무) 혈액원등이 법 제9조에 따른 혈액관리업무를 수행하는 때에는 다음 각 호의 구분에 따라 행하여야 한다. 〈개정 2002. 7. 12., 2005. 1. 29., 2007. 3. 6., 2009. 1. 30., 2010. 3. 19.〉

1. 채혈업무

가. 의사 또는 간호사는 채혈전에 제6조에 따른 건강진단을 실시하고 보건복지부장관이 고시하는 헌혈기록카드를 작성하여야 한다.

나. 채혈은 채혈에 필요한 시설을 갖춘 곳에서 의사의 지도하에 행하여야 한다.

다. 1인 1회 채혈량(항응고제 및 검사용 혈액을 제외한다)은 다음 한도의 110퍼센트를 초과하여서는 아니 된다. 다만, 희귀혈액을 채혈하는 경우에는 그러하지 아니하다.

(1) 전혈채혈 : 400밀리리터

(2) 성분채혈 : 500밀리리터

(3) 2종류 이상의 혈액성분을 동시에 채혈하는 다종성분채혈 : 600밀리리터

라. 채혈은 항응고제가 포함된 혈액백 또는 성분채혈키트를 사용하여 무균적으로 하여야 한다.

마. 혈액제제제조를 위하여 채혈된 혈액은 제조하기까지 다음의 방법에 따라 관리하여야 한다.

(1) 전혈채혈 : 섭씨 1도이상 10도이하에서 관리할 것. 다만, 혈소판제조용의 경우에는 섭씨 20도이상 24도이하에서 관리할 것

(2) 혈소판성분채혈 : 섭씨 20도이상 24도이하에서 관리할 것

(3) 혈장성분채혈 : 섭씨 6도 이하에서 관리할 것

바. 삭제 〈2005. 1. 29.〉

2. 혈액제제의 보존업무

가. 혈액제제의 보존온도 · 보존방법 및 보존기간등은 별표 2의2의 기준에 따라야 한다.

나. 보존온도를 유지하는 장치와 그 유지온도를 기록하는 장치를 갖추어야 한다.

다. 혈액제제의 부적격여부를 주기적으로 점검하여야 한다.

라. 이상이 없는 혈액제제를 보존중에 폐기하거나 변질시키지 말아야 한다.

3. 혈액제제의 공급업무

가. 혈액제제의 운송거리 및 시간을 고려하여 제2호 가목의 규

정에 의한 보존온도를 유지할 수 있는 적절한 용기에 넣어 운송·공급하여야 한다.

나. 혈액원은 혈액제제를 공급한 때에는 별지 제7호서식에 따른 혈액제제 운송 및 수령확인서를 2부 작성하여 1부는 3년간 보관하고 1부는 혈액제제를 수령한 자에게 내주며, 혈액제제를 수령한 자는 해당 확인서를 3년간 보관하여야 한다.

4. 품질관리 업무: 혈액원등은 제1호부터 제3호까지의 혈액관리업무를 시행함에 있어 보건복지부장관이 고시하는 업무절차 및 정도관리 등에 관한 표준업무규정을 준수하여야 한다.

제12조의2(혈액공급차량의 형태 등) 법 제9조제3항의 규정에 의한 혈액공급차량의 형태·표시 및 내부장치 등에 관한 기준은 별표 5와 같다.

[본조신설 2005. 1. 29.]

제12조의3(수혈관리위원회 및 수혈관리실의 설치 등) ① 법 제9조의2제1항에서 "보건복지부령으로 정하는 의료기관"이란 다음 각 호의 구분에 따른 의료기관을 말한다.

1. 법 제9조의2제1항에 따른 수혈관리위원회(이하 "수혈관리위원회"라 한다)를 설치·운영해야 하는 의료기관: 다음 각 목의 구분에 따른 의료기관

가. 2021년 6월 30일 이전: 1천개 이상의 병상을 갖춘 의료기관으로서 전년도 혈액제제 사용량이 2만단위 이상인 의료기관

나. 2021년 7월 1일 이후: 100개 이상의 병상을 갖춘 의료기관으로서 전년도 혈액제제 사용량이 1천단위 이상인 의료기관

2. 법 제9조의2제1항에 따른 수혈관리실(이하 “수혈관리실”이라 한다)을 설치·운영해야 하는 의료기관: 다음 각 목의 구분에 따른 의료기관

가. 2021년 6월 30일 이전: 1천개 이상의 병상을 갖춘 의료기관으로서 전년도 혈액제제 사용량이 2만단위 이상인 의료기관

나. 2021년 7월 1일부터 2022년 6월 30일까지의 기간: 500개 이상의 병상을 갖춘 의료기관으로서 전년도 혈액제제 사용량이 1만단위 이상인 의료기관

다. 2022년 7월 1일 이후: 100개 이상의 병상을 갖춘 의료기관으로서 전년도 혈액제제 사용량이 5천단위 이상인 의료기관

② 수혈관리위원회는 다음 각 호의 사항을 심의한다.

1. 수혈관리계획의 수립 및 시행
2. 안전하고 적정한 수혈관리를 위한 자체 규정
3. 수혈용 혈액의 보관량·사용량·폐기량의 적정성
4. 수혈용 혈액의 안정적인 수급 방안
5. 수혈 관련 부작용의 예방·대응방법
6. 수혈 관련 교육 및 홍보 방법
7. 그 밖에 안전하고 적정한 혈액 사용을 위하여 보건복지부장관이 정하는 사항

③ 수혈관리실은 다음 각 호의 업무를 수행한다.

1. 수혈용 혈액의 보관·사용·폐기 현황의 관리
2. 수혈 관련 자료의 수집·분석 및 평가
3. 수혈의 적정성에 대한 평가

4. 수혈 관련 부작용의 발생 감시 및 대응

5. 수혈 관련 교육 및 홍보

6. 그 밖에 수혈관리에 필요한 업무

④ 제1항부터 제3항까지에서 규정한 사항 외에 수혈관리위원회 및 수혈관리실의 설치 등에 필요한 사항은 보건복지부장관이 정한다.

[본조신설 2020. 12. 31.]

제12조의4(수혈관리위원회의 구성 및 운영) ① 수혈관리위원회는 위원장 1명과 부위원장 1명을 포함한 7명 이상 15명 이하의 위원으로 구성한다.

② 수혈관리위원회의 위원장은 해당 의료기관의 장으로 하고, 부위원장은 위원 중에서 위원장이 지명한다.

③ 수혈관리위원회의 위원은 다음 각 호의 사람이 된다.

1. 진료부서의 장

2. 간호부서의 장

3. 수혈관리실의 장(수혈관리실을 설치한 경우만 해당한다)

4. 수혈관리 분야에 관한 학식과 경험이 풍부한 사람 중에서 위원장이 위촉하는 사람

④ 수혈관리위원회의 회의는 반기별로 1회 이상 개최한다. 다만, 재적위원 과반수가 요구하거나 위원장이 필요하다고 인정하는 경우에는 임시회의를 소집할 수 있다.

⑤ 수혈관리위원회의 회의는 재적위원 과반수의 출석으로 개의(開議)하고, 출석위원 과반수의 찬성으로 의결한다.

⑥ 제1항부터 제5항까지에서 규정한 사항 외에 수혈관리위원회의

구성 및 운영에 필요한 사항은 보건복지부장관이 정한다.

[본조신설 2020. 12. 31.]

제12조의5(수혈관리실의 근무인력) ① 법 제9조의2제1항에 따라 의료기관의 장은 수혈관리실에 다음 각 호의 인력을 두어야 한다. 이 경우 다음 각 호의 인력 중 1명 이상은 수혈관리실에서 전담 근무해야 한다.

1. 수혈관리에 관한 경험과 지식이 있는 의사 1명 이상

2. 수혈관리에 관한 경험과 지식이 있는 간호사 1명 이상

3. 수혈관리에 관한 경험과 지식이 있는 임상병리사 1명 이상 또는 의료기관의 장이 수혈관리를 위하여 필요하다고 인정하는 사람 1명 이상

② 수혈관리실에서 근무하는 사람은 별표 5의2에서 정한 교육기준에 따라 교육을 받아야 한다.

[본조신설 2020. 12. 31.]

제13조(특정수혈부작용의 신고 등) ①의료기관의 장은 법 제10조제1항에 따라 특정수혈부작용이 발생한 사실을 확인한 날부터 15일 이내에 해당 의료기관 소재지의 보건소장을 거쳐 특별시장ㆍ광역시장ㆍ특별자치시장ㆍ도지사ㆍ특별자치도지사(이하 "시ㆍ도지사"라 한다)에게 특정수혈부작용이 발생한 사실을 별지 제8호서식에 따라 신고해야 한다. 다만, 사망의 경우에는 지체 없이 신고해야 한다. 〈개정 2005. 1. 29., 2020. 12. 31.〉

②시ㆍ도지사는 매월 말일을 기준으로 별지 제9호서식의 특정수혈부작용 발생현황 보고서를 작성하여 다음 달 10일까지 보건복지

부장관에게 제출해야 한다. 다만, 사망의 경우에는 지체 없이 제출해야 한다. 〈개정 2005. 1. 29., 2008. 3. 3., 2010. 3. 19., 2020. 12. 31.〉

③ 법 제10조제3항에 따른 실태조사에는 다음 각 호의 내용이 포함되어야 한다. 〈신설 2009. 1. 30., 2020. 12. 31.〉

1. 수혈자의 인적사항, 수혈기록 및 의무기록 조사

2. 헌혈자의 헌혈기록 및 과거 헌혈혈액 검사결과 조회

3. 수혈자 및 헌혈자의 특정수혈부작용 관련 진료내역 및 검사결과 확인

4. 헌혈혈액 보관검체 검사결과 확인

5. 헌혈자 채혈혈액 검사결과 확인

제13조의2(보상금의 산정 및 지급) ① 법 제5조제1항에 따른 혈액관리위원회는 법 제10조의2제1항에 따라 보상금을 산정하는 경우에는 다음 각 호의 사항을 고려하여야 한다.

1. 혈액원 및 헌혈자의 과실 수준

2. 채혈 또는 수혈과 사망·질병 등의 부작용 간 직접적 인과관계의 수준

3. 사망·질병 등 부작용의 유형·성격 및 피해정도

4. 그 밖에 보상금을 산정하는 데 특히 고려할 필요가 있다고 보건복지부장관이 정하는 사항

② 혈액원이 법 제10조의2제1항에 따른 보상금을 지급하는 경우에는 보상금을 받는 사람이 지정하는 예금계좌에 입금하여야 한다. 다만, 예금계좌가 없는 경우 등 부득이한 사유가 있는 경우에는 보

상금을 받는 사람과 협의하여 그 지급방법을 별도로 정할 수 있다.

③ 제1항 및 제2항에서 규정한 사항 외에 보상금의 산정 및 지급에 필요한 사항은 보건복지부장관이 정하여 고시한다.

[전문개정 2016. 8. 18.]

제14조(서류의 작성등) ①혈액원등은 법 제12조제1항에 따라 다음 각 호의 서류를 작성·비치하여야 한다. 〈개정 2002. 7. 12., 2005. 1. 29., 2007. 3. 6., 2009. 1. 30., 2010. 3. 19.〉

1. 별지 제1호의7서식에 의한 헌혈경력 및 검사결과 조회서

2. 별지 제4호서식에 의한 부적격혈액처리현황

2의2. 별지 제4호의2서식의 헌혈자 혈액정보 통보기록

3. 보건복지부장관이 고시하는 헌혈기록카드

4. 삭제 〈2005. 1. 29.〉

5. 별지 제8호서식에 의한 특정수혈부작용발생신고기록

②법 제12조제2항에서 "보건복지부령이 정하는 기간"이라 함은 10년을 말한다. 〈개정 2005. 1. 29., 2008. 3. 3., 2010. 3. 19.〉

제14조의2(혈액원 및 의료기관의 혈액수급정보 제출 내용 등) ① 법 제13조의2제1항에 따라 혈액원은 매일(토요일 및 공휴일은 제외한다) 정오까지 전날의 혈액관리에 관한 다음 각 호의 정보를 보건복지부장관에게 제출해야 한다.

1. 혈액제제의 공급량, 공급일자 및 공급처

2. 혈액제제의 폐기량, 폐기일자 및 폐기사유

3. 혈액제제의 재고량

② 법 제13조의2제2항에 따라 혈액을 공급받은 의료기관의 장은

매일(토요일 및 공휴일은 제외한다) 정오까지 보건복지부장관이 정하는 바에 따라 전날의 혈액 사용에 관한 다음 각 호의 정보를 보건복지부장관에게 제출해야 한다. 다만, 제4호의 정보는 월별로 일괄하여 그 다음 달 1일까지 제출할 수 있다.

1. 혈액을 공급받은 일시
2. 혈액제제의 명칭, 혈액번호 및 혈액형
3. 혈액제제의 사용량, 사용일시, 폐기량, 폐기일시 및 재고량
4. 수혈자의 성별, 연령, 혈액형 및 진료과목
5. 그 밖에 혈액의 사용현황을 파악하기 위하여 필요한 정보로서 보건복지부장관이 정하여 고시하는 정보

③ 보건복지부장관은 혈액부족 등으로 인해 필요한 경우 의료기관의 장에게 당일의 혈액 사용에 관한 제2항 각 호의 정보를 요청할 수 있으며, 요청을 받은 의료기관의 장은 특별한 사유가 없으면 이에 따라야 한다.

④ 법 제13조의2제2항에 따라 혈액을 공급받은 의료기관의 장은 병상 수, 혈액형·혈액제제별 전년도의 일평균 혈액 사용량 등 보건복지부장관이 정하여 고시하는 정보를 매년 1월 31일까지 보건복지부장관에게 제출해야 한다.

⑤ 제1항부터 제4항까지에서 규정한 사항 외에 혈액원 및 의료기관의 혈액수급정보 제출 시기·방법 등에 관한 사항은 보건복지부장관이 정한다.

[본조신설 2020. 12. 31.]

제15조(헌혈증서의 발급) ①혈액원은 법 제14조제1항 전단에 따라

헌혈자로부터 헌혈을 받은 경우에는 별지 제10호서식의 헌혈증서를 지체없이 헌혈자에게 발급해야 한다. 〈개정 2019. 8. 16., 2022. 9. 23.〉

②대한적십자사 회장은 혈액원이 제1항에 따른 헌혈증서를 헌혈자에게 발급함에 지장이 없도록 그 용지를 미리 혈액원에 송부해야 한다. 〈개정 2019. 8. 16.〉

[제목개정 2019. 8. 16.]

제15조의2(헌혈증서의 재발급) ① 법 제14조제1항 후단에 따라 헌혈증서를 재발급 받으려는 사람은 별지 제10호의2서식의 헌혈증서 재발급 신청서(전자문서를 포함한다)를 혈액원에 제출해야 한다.

② 제1항에 따른 신청서를 받은 혈액원은 신청인의 사진이 붙어 있어 본인임을 확인할 수 있는 주민등록증, 여권, 학생증, 그 밖의 신분증명서에 따라 그 신원을 확인한 후 신청인에게 헌혈증서를 재발급해야 한다. 다만, 법 제14조제1항 후단에 따라 한 번 재발급되었거나 같은 조 제3항에 따라 의료기관에 그 헌혈증서를 제출하여 무상으로 혈액제제를 수혈받은 것이 확인된 경우는 제외한다.

[본조신설 2022. 9. 23.]

제16조(헌혈증서에 의한 무상수혈) ① 법 제14조제3항 본문에 따라 무상으로 수혈받을 수 있는 혈액제제량은 헌혈 1회당 혈액제제 1단위로 한다. 〈개정 2005. 1. 29., 2022. 9. 23.〉

② 헌혈증서를 제출받은 의료기관은 전자혈액관리업무기록 등을 통해 재발급되어 유효하지 않게 된 헌혈증서인지 여부를 확인해야 한다. 〈신설 2022. 9. 23.〉

제17조(수혈비용의 보상) ①법 제14조제5항에 따른 수혈비용의 보상은 혈액원의 의료기관에 대한 혈액공급가액과 의료기관의 혈액관리료 및 수혈수수료를 합한 금액으로 한다. 다만, 수혈을 받은 사람이 다른 법령의 규정에 따라 수혈비용의 일부를 지급받은 경우에는 그 금액을 제외한 금액으로 보상할 수 있다. 〈개정 2019. 8. 16., 2022. 9. 23.〉

②의료기관은 제1항에 따른 수혈비용의 보상을 받고자 할 때에는 별지 제11호서식의 수혈비용청구서에 별지 제12호서식의 수혈자내역서를 첨부하여 대한적십자사 회장에게 청구해야 한다. 〈개정 2019. 8. 16.〉

③의료기관은 수혈을 받은 사람의 진료비 중 본인이 부담해야 할 비용에서 제2항에 따라 대한적십자사 회장에게 청구하는 금액을 공제해야 한다. 〈개정 2019. 8. 16.〉

④대한적십자사 회장은 제2항에 따른 수혈비용의 보상청구를 받은 때에는 그 청구를 받은 날부터 1개월 이내에 이를 보상해야 한다. 〈개정 2019. 8. 16.〉

제18조(예치금의 수납) ①대한적십자사 회장은 법 제15조제1항에 따른 헌혈환급예치금(이하 "예치금"이라 한다)을 수납하고자 할 때에는 매월 해당 혈액원이 납부해야 할 예치금을 조사·결정하고 별지 제13호서식에 따라 이를 혈액원에 통지해야 한다. 〈개정 2015. 1. 12., 2019. 8. 16.〉

② 제1항에 따라 통지를 받은 혈액원은 그 금액을 영 제9조제2항에 따른 금융기관에 납입해야 한다. 〈개정 2019. 8. 16.〉

③예치금을 수납한 금융기관은 예치금의 납입자에게 영수증을 발급하고, 대한적십자사 회장에게 영수필통지서를 지체없이 송부해야 한다. 〈개정 2019. 8. 16.〉

제19조(예치금납부의 면제) ①혈액원이 법 제15조제1항 단서에 따라 부적격혈액(별표 1 제2호 및 제3호에 따른 부적격혈액에 한정한다)에 대한 예치금의 납부를 면제받고자 하는 때에는 매월말 기준으로 별지 제14호서식의 헌혈환급예치금 납부면제 신청서를 작성하여 다음달 10일까지 대한적십자사 회장에게 신청해야 한다. 〈개정 2015. 1. 12., 2019. 8. 16.〉

②대한적십자사 회장은 제1항에 따른 예치금납부의 면제신청을 받은 때에는 혈액원이 이미 납부한 예치금 중에서 환불해야 한다. 〈개정 2019. 8. 16.〉

③보건복지부장관은 법 제15조제1항 단서에 따라 매년 예치금납부면제비율을 정하여 고시해야 한다. 〈개정 2008. 3. 3., 2010. 3. 19., 2019. 8. 16.〉

제19조의2(수입ㆍ지출결산서의 세부내용) 혈액원이 법 제17조의2제4항에 따라 제출하는 수입ㆍ지출결산서에는 다음 각 호의 내용이 포함되어야 한다.

1. 해당 회계연도의 재무상태표

2. 해당 회계연도의 사업계획과 집행실적의 대비표

[본조신설 2020. 12. 31.]

제20조(행정처분의 기준) 법 제17조의3에 따른 행정처분의 기준은 별표 6과 같다. 〈개정 2020. 12. 31.〉

[본조신설 2015. 1. 12.]

제21조(규제의 재검토) ① 보건복지부장관은 제12조의5 및 별표 5의2에 따른 수혈관리실의 근무인력 및 교육기준에 대하여 2022년 1월 1일을 기준으로 3년마다(매 3년이 되는 해의 1월 1일 전까지를 말한다) 그 타당성을 검토하여 개선 등의 조치를 해야 한다. 〈신설 2021. 12. 31.〉

② 보건복지부장관은 제12조에 따른 혈액관리업무 수행 방법에 대하여 2019년 1월 1일을 기준으로 2년마다(매 2년이 되는 해의 1월 1일 전까지를 말한다) 그 타당성을 검토하여 개선 등의 조치를 해야 한다. 〈개정 2021. 12. 31.〉

[전문개정 2018. 12. 28.]

부칙 〈제116호, 1999. 6. 7.〉

이 규칙은 공포한 날부터 시행한다. 다만, 제9조의 개정규정(후천성면역결핍증 검사결과의 확인에 관한 사항을 제외한다)은 2000년 4월 1일부터 시행한다.

부칙 〈제221호, 2002. 7. 12.〉

이 규칙은 공포한 날부터 시행한다.

부칙 〈제309호, 2005. 1. 29.〉

①(시행일) 이 규칙은 2005년 1월 30일부터 시행한다.

②(혈액관리업무에 관한 기록문서 보존기간에 관한 경과조치) 이

규칙 시행당시 종전의 규정에 의하여 보존기간이 경과한 혈액관리업무에 관한 기록문서는 제14조제2항의 개정규정에 불구하고 종전의 규정에 의한다.

부칙 〈제387호, 2007. 3. 6.〉

①(시행일) 이 규칙은 공포 후 6개월이 경과한 날부터 시행한다.

②(혈액원 변경허가에 관한 적용례) 제5조의3제4항제4호 및 제5호의 개정 규정은 이 규칙 시행 후 혈액제제의 제조품목 또는 혈액원 부속 채혈시설을 변경하려는 자부터 적용한다.

③(헌혈자의 혈액정보 통보에 관한 적용례) 제11조의2의 개정 규정은 이 규칙 시행 후 혈액원이 최초로 채혈하는 헌혈자부터 적용한다.

④(혈액원 개설허가 신청서 첨부서류에 관한 경과조치) 이 규칙 시행 당시 혈액원의 개설허가를 신청한 자는 제5조의3제1항제7호의 개정 규정에 불구하고 종전의 규정에 따른다.

⑤(부적격혈액의 폐기전 처리에 관한 경과조치) 이 규칙 시행 당시 부적격혈액을 보관하는 자는 이 규칙 시행 후 3개월 이내에 제10조제1항제2호의 개정 규정에 적합한 시설을 갖추어야 한다.

부칙 〈제1호, 2008. 3. 3.〉 (보건복지가족부와 그 소속기관 직제 시행규칙)

제1조(시행일) 이 규칙은 공포한 날부터 시행한다.

제2조 생략

제3조(다른 법령의 개정) ① 부터 〈91〉 까지 생략

〈92〉 혈액관리법 시행규칙 일부를 다음과 같이 개정한다.

제5조, 제5조의3제4항 각 호 외의 부분, 제14조제2항 중 "보건복지부령"을 각각 "보건복지가족부령"으로 한다.

제5조의3제1항 각 호 외의 부분·제2항·제3항·제5항 및 제6항, 제5조의5제1항 전단 및 제3항, 제8조제1항 본문, 제11조제2항, 제13조제2항 본문, 제19조제3항, 별표 1 제7호, 별지 제1호서식, 별지 제1호의3서식 앞쪽, 별지 제1호의4서식, 별지 제1호의5서식, 별지 제1호의6서식, 별지 제4호서식 중 "보건복지부장관"을 각각 "보건복지가족부장관"으로 한다.

〈93〉 및 〈94〉 생략

부칙 〈제90호, 2009. 1. 30.〉

이 규칙은 2009년 3월 29일부터 시행한다. 다만, 제6조, 제7조의2, 별표 1의2 및 별표 4의2의 개정규정은 공포한 날부터 시행한다.

부칙 〈제1호, 2010. 3. 19.〉 (보건복지부와 그 소속기관 직제 시행규칙)

제1조(시행일) 이 규칙은 공포한 날부터 시행한다. 〈단서 생략〉

제2조 생략

제3조(다른 법령의 개정) ① 부터 〈80〉 까지 생략

〈81〉 혈액관리법 시행규칙 일부를 다음과 같이 개정한다.

제2조의2, 제5조, 제5조의3제4항 각 호 외의 부분 및 제14조제2

항 중 “보건복지가족부령”을 각각 “보건복지부령”으로 한다.

제5조의3제1항 각 호 외의 부분 · 제2항 · 제3항 · 제5항 및 제6항, 제5조의5제1항 전단 및 제3항, 제7조의2제3항, 제8조제1항 본문, 제11조제2항, 제12조제1호가목 및 제4호, 제13조제2항 본문, 제13조의2제2항, 제14조제1항제3호, 제19조제3항, 별표 1의 제2호 비고 및 제7호, 별표 1의2의 Ⅰ. 공통기준 제2호가목2)마) 및 제5호, 별표 4의2의 비고 제2호, 별지 제1호서식, 별지 제1호의3서식 앞쪽, 별지 제1호의4서식, 별지 제1호의5서식, 별지 제1호의6서식, 별지 제1호의9서식 및 별지 제4호서식 중 “보건복지가족부장관”을 각각 “보건복지부장관”으로 한다.

〈82〉 부터 〈84〉 까지 생략

부칙 〈제32호, 2010. 12. 30.〉 (감염병의 예방 및 관리에 관한 법률 시행규칙)

제1조(시행일) 이 규칙은 2010년 12월 30일부터 시행한다.

제2조(다른 법령의 개정) ①부터 ⑬까지 생략

⑭ 혈액관리법 시행규칙 일부를 다음과 같이 개정한다.

제6조제6항제1호 및 제7조 중 “전염병환자”를 각각 “감염병환자”로 한다.

제7조의2제1항 중 “전염병”을 “감염병”으로 한다.

제3조 생략

부칙 〈제76호, 2011. 8. 31.〉

이 규칙은 2011년 9월 1일부터 시행한다.

부칙 〈제138호, 2012. 7. 4.〉

제1조(시행일) 이 규칙은 공포한 날부터 시행한다.

제2조(적용례) 별표 4의 개정규정은 이 규칙 시행 후 최초로 혈액원 개설 허가신청을 하는 자부터 적용한다.

부칙 〈제185호, 2013. 3. 23.〉 (보건복지부와 그 소속기관 직제 시행규칙)

제1조(시행일) 이 규칙은 공포한 날부터 시행한다.

제2조 부터 제4조까지 생략

제5조(다른 법령의 개정) ①부터 ㉑까지 생략

㉒ 혈액관리법 시행규칙 일부를 다음과 같이 개정한다.

별표 2의2 비고란 중 "식품의약품안전청장"을 "식품의약품안전처장"으로 한다.

부칙 〈제283호, 2015. 1. 5.〉 (규제 재검토기한 설정 등 규제정비를 위한 감염병의 예방 및 관리에 관한 법률 시행규칙 등 일부개정령)

이 규칙은 공포일로부터 시행한다.

부칙 〈제293호, 2015. 1. 12.〉

이 규칙은 공포한 날부터 시행한다.

부칙 〈제432호, 2016. 8. 18.〉

이 규칙은 공포한 날부터 시행한다.

부칙 〈제486호, 2017. 3. 20.〉

제1조(시행일) 이 규칙은 공포한 날부터 시행한다.

제2조(혈액의 적격여부 검사에 관한 적용례) 제8조제1항 각 호 외의 부분 본문 및 별표 1의 개정규정은 이 규칙 시행 전에 채혈한 혈액(에이엘티검사를 실시하지 아니한 혈액만 해당한다)에 대해서도 적용한다.

부칙 〈제489호, 2017. 3. 27.〉

제1조(시행일) 이 규칙은 공포한 날부터 시행한다.

제2조(혈액의 적격여부 검사 및 판정에 관한 적용례) 제8조제1항 각 호 외의 부분 본문 및 별표 1 제2호의 개정규정은 이 규칙 시행 전에 채혈한 혈액에 대해서도 적용한다.

부칙 〈제601호, 2018. 11. 19.〉

제1조(시행일) 이 규칙은 공포한 날부터 시행한다.

제2조(혈액의 적격여부 검사 및 판정에 관한 적용례) 별표 1 제2호의 개정규정은 이 규칙 시행 전에 채혈한 혈액에 대해서도 적용한다.

부칙 〈제606호, 2018. 12. 28.〉 (행정규제기본법에 따른 일몰규제 정비를 위한 31개 법령의 일부개정에 관한 보건복지부령)

이 규칙은 2019년 1월 1일부터 시행한다.

부칙 〈제666호, 2019. 8. 16.〉

이 규칙은 공포일부터 시행한다. 다만 별지 제1호의7서식, 별지 제1호의9서식, 별지 제1호의10서식, 별지 제4호의4서식, 별지 제11호서식, 별지 제13호서식 및 별지 제14호서식의 개정규정은 공포 후 1개월이 경과한 날부터 시행하고, 별지 제10호서식의 개정규정은 2020년 1월 1일부터 시행한다.

부칙 〈제672호, 2019. 9. 27.〉 (어려운 법령용어 정비를 위한 48개 법령의 일부개정에 관한 보건복지부령)

이 규칙은 공포한 날부터 시행한다.

부칙 〈제674호, 2019. 10. 23.〉

제1조(시행일) 이 규칙은 공포한 날부터 시행한다. 다만, 별표 4의2의 개정규정은 공포 후 1개월이 경과한 날부터 시행한다.

제2조(혈액관리업무를 위한 시설·장비 등에 관한 적용례) 별표 4 제3호의 개정규정은 이 규칙 시행 전에 법 제6조제3항에 따른 허가를 받고 이 규칙 시행 당시 혈액제제 제조업무를 하고 있는 자에 대해서도 적용한다.

부칙 〈제736호, 2020. 6. 25.〉

이 규칙은 공포한 날부터 시행한다. 다만, 별표 1의2 I 제3호가목2)

의 개정규정은 공포 후 1개월이 경과한 날부터 시행하고, 같은 표 I 제4호다목의 개정규정은 공포 후 4개월이 경과한 날부터 시행한다.

부칙 〈제749호, 2020. 9. 11.〉 (보건복지부와 그 소속기관 직제 시행규칙)

제1조(시행일) 이 규칙은 2020년 9월 12일부터 시행한다.

제2조 생략

제3조(다른 법령의 개정) ①부터 ⑰까지 생략

⑱ 혈액관리법 시행규칙 일부를 다음과 같이 개정한다.

별지 제8호서식 뒤쪽 처리절차란 중 "보건복지부(질병관리본부)"를 "보건복지부"로 한다.

⑲ 및 ⑳ 생략

부칙 〈제774호, 2020. 12. 31.〉

이 규칙은 공포한 날부터 시행한다. 다만, 제13조제3항의 개정규정은 2021년 1월 1일부터 시행한다.

부칙 〈제851호, 2021. 12. 31.〉 (행정규제기본법에 따른 일몰규제 정비를 위한 14개 법령의 일부개정에 관한 보건복지부령)

이 규칙은 2021년 12월 31일부터 시행한다.

부칙 〈제912호, 2022. 9. 23.〉

이 규칙은 2022년 9월 24일부터 시행한다.

부칙 〈제913호, 2022. 10. 12.〉

이 규칙은 공포한 날부터 시행한다.

부칙 〈제1010호, 2024. 5. 7.〉

이 규칙은 공포한 날부터 시행한다.

부칙 〈제1063호, 2024. 10. 14.〉

이 규칙은 공포한 날부터 시행한다.

별표 / 서식

[별표 1] 부적격혈액의 범위 및 혈액·혈액제제의 적격여부 판정기준(제2조 관련)

[별표 1의2] 채혈금지대상자(제2조의2 및 제7조 관련)

[별표 2] 혈액 관련 의약품(제4조 관련)

[별표 2의2] 혈액제제의 보존기준(제12조 관련)

[별표 3] 삭제 〈2009.1.30〉

[별표 4] 혈액관리업무를 위한 시설·장비 등(제5조의2 관련)

[별표 4의2] 선별검사결과 부적격자에 대한 안전성검사 및 판정기준(제7조의2 관련)

[별표 5] 혈액공급차량의 형태·표시 및 내부장치 등에 관한 기준(제12조의2관련)

[별표 5의2] 수혈관리실 근무인력의 교육기준(제12조의5제2항 관련)

[별표 6] 행정처분의 기준(제20조 관련)

[별지 제1호서식] 혈액원 개설(허가신청서, 허가사항 변경신청서)

[별지 제1호의2서식] 혈액원개설신청및허가대장

[별지 제1호의3서식] 혈액원 개설허가증

[별지 제1호의4서식] 혈액원개설허가증재교부신청서

[별지 제1호의5서식] 혈액원[휴업·폐업·재개업]신고서

[별지 제1호의6서식] 혈액관리업무기록보관계획서

[별지 제1호의7서식] 헌혈경력 및 검사결과 조회서

[별지 제1호의8서식] 채혈금지대상자 관리대장

[별지 제1호의9서식] 안전성 검사 결과 보고 및 채혈금지대상자 해제 요청서

[별지 제1호의10서식] 채혈금지사유 조회 신청서

[별지 제2호서식] 삭제 〈2005.1.29〉

[별지 제3호서식] 삭제 〈2005.1.29〉

[별지 제4호서식] 부적격혈액처리현황

[별지 제4호의2서식] 부적격혈액 출고정보서

[별지 제4호의3서식] 부적격혈액 수혈정보서

[별지 제4호의4서식] 헌혈자 혈액정보 통보서

[별지 제5호서식] 삭제 〈2009.1.30〉

[별지 제6호서식] 삭제 〈2005.1.29〉

[별지 제7호서식] 혈액제제운송및수령확인서

[별지 제8호서식] 특정수혈부작용 발생 신고서

[별지 제9호서식] 특정수혈부작용발생현황보고

[별지 제10호서식] 헌혈증서

[별지 제10호의2서식] 헌혈증서 재발급 신청서

[별지 제11호서식] 수혈비용청구서

[별지 제12호서식] 수혈자내역서

[별지 제13호서식] 납입통지서

[별지 제14호서식] 헌혈환급예치금 납부면제 신청서

대한민국 법령 시리즈 384

혈액관리법

법 령 / 시 행 령 / 시 행 규 칙

2025년 8월 20일 인쇄 정가 13,000원
2025년 8월 30일 발행

편 저 편집부
디 자 인 송영미
발 행 인 조준형
발 행 처 해광출판사
http://www.hgbookpub.com
E-mail : munbookcokr@naver.com
주 소 부산광역시 중구 해관로 41-1 (중앙동2가)
전화번호 (051) 253-0001 팩스 (051) 245-1187
등 록 제 2012-000005호

해광출판사에서는 여러분의 소중한 원고와 함께 할 기회를 기다리고 있습니다. 책으로 엮을 원고나 아이디어가 있으신 분들은 이메일 munbookcokr@naver.com로 책에 대한 간단한 개요와 원고 전체 또는 일부를 연락처와 함께 보내주십시오.

ISBN 979-11-6881-867-5

※ 법령 출처 : 법제처 국가법령정보센터
※ 본 도서는 〈공공데이터 제공 및 이용 활성화에 관한 법률〉을 근거로 출판되었습니다.

해광출판사 대한민국 법령 시리즈

001. 선원법
002. 어선법
003. 선박직원법
004. 해사안전기본법
005. 해양환경관리법
006. 선박의 입항 및 출항등에 관한 법률
007. 학교안전사고예방 및 보상에 관한 법률
008. 종합부동산세법
009. 방위사업법
010. 행정규제기본법
011. 식품산업진흥법
012. 위험물안전관리법
013. 화재의 예방 및 안전관리에 관한 법률
014. 도시가스사업법
015. 실내공기질관리법
016. 지방세법
017. 소득세법
018. 법인세법
019. 도선법
020. 선박안전법
021. 선박법
022. 수산업법
023. 고압가스안전관리법
024. 국민연금법
025. 공동주택관리법
026. 화학물질관리법
027. 어선원 및 어선 재해보상보험법
028. 장기등 이식에 관한 법률
029. 자연재해대책법
030. 공유재산 및 물품 관리법
031. 산업입지 및 개발에 관한 법률
032. 부정경쟁방지 및 영업비밀보호에 관한 법률
033. 금융지주회사법
034. 온실가스 배출권의 할당 및 거래에 관한 법률
035. 건축사법
036. 산림문화휴양에 관한 법률
037. 전기사업법
038. 사립학교법
039. 고등교육법
040. 액화석유가스의 안전관리 및 사업법
041. 선박투자회사법
042. 수산자원관리법
043. 위험물선박운송및저장규칙
044. 선박평형수관리법
045. 주택임대차보호법
046. 상가건물임대차보호법
047. 지방공기업법
048. 승강기안전관리법
049. 수목원·정원의 조성 및 진흥에 관한 법률
050. 민법
051. 치료감호 등에 관한 법률
052. 대부업 등의 등록 및 금융이용자 보호에 관한 법률
053. 사료관리법
054. 무형문화재 보전 및 진흥에 관한 법률
055. 총포·도검·화약류 등의 안전관리에 관한 법률
056. 경찰관직무집행법
057. 시설물의 안전 및 유지관리에 관한 특별법
058. 수산생물질병 관리법
059. 소비자기본법
060. 국제선박등록법
061. 정보통신망 이용촉진 및 정보보호 등에 관한 법률
062. 해운법
063. 농수산물 품질관리법
064. 수산업협동조합법
065. 해외건설촉진법
066. 수상레저안전법
067. 공무원재해보상법
068. 수상에서의 수색·구조 등에 관한 법률
069. 어촌어항법
070. 항만법
071. 항만운송사업법
072. 해양경비법
073. 해양사고의 조사 및 심판에 관한 법률
074. 외국인근로자의 고용 등에 관한 법률
075. 중소기업기본법
076. 자유무역지역의 지정 및 운영에 관한 법률
077. 대기환경보전법
078. 소음진동관리법
079. 폐기물관리법
080. 하수도법
081. 물환경보전법
082. 토양환경보전법
083. 환경정책기본법
084. 산업재해보상보험법
085. 관세법
086. 노동조합 및 노동관계조정법
087. 근로기준법
088. 군인연금법
089. 먹는물관리법
090. 기술보증기금법
091. 관광진흥법
092. 감염병의 예방 및 관리에 관한 법률
093. 사법경찰관리의 직무를 수행할 자와 그 직무범위에 관한 법률
094. 수의사법
095. 가정폭력방지 및 피해자보호 등에 관한 법률
096. 환경영향평가법
097. 체육시설의 설치 · 이용에 관한 법률
098. 장사 등에 관한 법률
099. 상호저축은행법
100. 은행법
101. 보호관찰 등에 관한 법률
102. 형법
103. 자동차관리법
104. 형사소송법
105. 전자금융거래법
106. 마약류 불법거래 방지에 관한 특례법
107. 도로법
108. 주세법
109. 변리사법
110. 하천법
111. 중소기업진흥에 관한 법률
112. 발달장애인 권리보장 및 지원에 관한 법률
113. 주택법
114. 장애인복지법
115. 농어업경영체 육성 및 지원에 관한 법률
116. 공인중개사법
117. 건강기능식품에 관한 법률
118. 예비군법
119. 개발제한구역의 지정 및 관리에 관한 특별조치법
120. 국유재산법
121. 주차장법
122. 환경기술 및 환경산업 지원법
123. 대기관리권역의 대기환경개선에 관한 특별법
124. 악취방지법
125. 미세먼지 저감 및 관리에 관한 특별법
126. 가축분뇨의 관리 및 이용에 관한 법률
127. 물의 재이용 촉진 및 지원에 관한 법률
128. 물관리기본법
129. 물관리기술 발전 및 물산업 진흥에 관한 법률
130. 자원의 절약과 재활용촉진에 관한 법률
131. 전기 · 전자제품 및 자동차의 자원순환에 관한 법률
132. 건설폐기물의 재활용촉진에 관한 법률
133. 수도권매립지관리공사의 설립 및 운영 등에 관한 법률
134. 폐기물의 국가 간 이동 및 그 처리에 관한 법률
135. 폐기물처리시설 설치촉진 및 주변지역지원 등에 관한 법률
136. 자원순환기본법
137. 잔류성오염물질 관리법
138. 환경분쟁 조정법

해광출판사 대한민국 법령 시리즈

139. 화학물질의 등록 및 평가 등에 관한 법률
140. 환경오염시설의 통합관리에 관한 법률
141. 환경오염피해 배상책임 및 구제에 관한 법률
142. 중소기업제품 구매촉진 및 판로지원에 관한 법률
143. 환경개선비용 부담법
144. 환경분야 시험·검사 등에 관한 법률
145. 환경친화적 산업구조로의 전환촉진에 관한 법률
146. 환경친화적 자동차의 개발 및 보급 촉진에 관한 법률
147. 환경범죄 등의 단속 및 가중처벌에 관한 법률
148. 생명윤리 및 안전에 관한 법률
149. 장애인차별금지 및 권리구제 등에 관한 법률
150. 부동산투자회사법
151. 정치자금법
152. 과학기술기본법
153. 대리점거래의 공정화에 관한 법률
154. 상속세 및 증여세법
155. 학원의 설립 · 운영 및 과외교습에 관한 법률
156. 해양심층수의 개발 및 관리에 관한 법률
157. 전기용품 및 생활용품 안전관리법
158. 사회기반시설에 대한 민간투자법
159. 공직선거법
160. 정당법
161. 유류오염손해배상 보장법
162. 부정청탁 및 금품등 수수의 금지에 관한 법률
163. 항로표지법
164. 어장관리법
165. 민방위기본법
166. 공직자윤리법
167. 선거관리위원회법
168. 유선 및 도선 사업법
169. 전기공사업법
170. 사회복지사업법
171. 택지개발촉진법
172. 국가공무원법
173. 민간임대주택에 관한 특별법
174. 어음법·수표법
175. 민사집행법
176. 상법
177. 문화예술진흥법
178. 중소기업협동조합법
179. 농업협동조합법
180. 도로교통법
181. 의료사고 피해구제 및 의료분쟁 조정 등에 관한 법률
182. 산림보호법
183. 소년법
184. 동물보호법
185. 건축물관리법
186. 도시개발법
187. 화물자동차 운수사업법
188. 도시 및 주거환경정비법
189. 의료법
190. 국회법
191. 응급의료에 관한 법률
192. 출입국관리법
193. 노인복지법
194. 산림자원의 조성 및 관리에 관한 법률
195. 청소년 보호법
196. 초 · 중등교육법
197. 혁신도시 조성 및 발전에 관한 특별법
198. 경제자유구역의 지정 및 운영에 관한 특별법
199. 공공기관의 운영에 관한 법률
200. 대한민국헌법
201. 국민기초생활 보장법
202. 저작권법
203. 가사소송법
204. 국가유공자 등 예우 및 지원에 관한 법률
205. 국민체육진흥법
206. 전통주 등의 산업진흥에 관한 법률
207. 재난 및 안전관리 기본법
208. 정보통신공사업법
209. 주식회사 등의 외부감사에 관한 법률
210. 공익사업을 위한 토지 등의 취득 및 보상에 관한 법률
211. 개인정보 보호법
212. 국세기본법
213. 에너지이용 합리화법
214. 감정평가 및 감정평가사에 관한 법률
215. 국가인권위원회법
216. 가맹사업거래의 공정화에 관한 법률
217. 보건의료기본법
218. 산업안전보건법
219. 법무사법
220. 교육공무원법
221. 특허법
222. 민사소송법
223. 아동복지법
224. 전파법
225. 하도급거래 공정화에 관한 법률
226. 기초연금법
227. 사립학교교직원 연금법
228. 직업안정법
229. 장애아동 복지지원법
230. 부동산등기법
231. 자동차손해배상 보장법
232. 철도안전법
233. 항공안전법
234. 전자상거래 등에서의 소비자보호에 관한 법률
235. 독점규제 및 공정거래에 관한 법률
236. 상표법
237. 채무자 회생 및 파산에 관한 법률
238. 공무원연금법
239. 축산법
240. 근로복지기본법
241. 민원 처리에 관한 법률
242. 약사법
243. 방문판매 등에 관한 법률
244. 건축기본법
245. 지방세기본법
246. 지방세징수법
247. 지방자치법
248. 도시교통정비 촉진법
249. 공공주택 특별법
250. 국세징수법
251. 공인노무사법
252. 중대재해 처벌 등에 관한 법률
253. 외무공무원법
254. 소방시설공사업법
255. 검역법
256. 공중위생관리법
257. 할부거래에 관한 법률
258. 인터넷 멀티미디어 방송사업법
259. 전기통신사업법
260. 제품안전기본법
261. 철도사업법
262. 어린이제품 안전 특별법
263. 영유아보육법
264. 원자력안전법
265. 보험업법
266. 경비업법
267. 교통안전법
268. 세무사법
269. 관세사법
270. 공인회계사법
271. 지방공무원법
272. 고용정책 기본법
273. 국가경찰과 자치경찰의 조직 및 운영에 관한 법률
274. 협동조합 기본법
275. 재해구호법
276. 환경보건법

해광출판사 대한민국 법령 시리즈

277. 자살예방 및 생명존중문화 조성을 위한 법률
278. 소방산업의 진흥에 관한 법률
279. 소방기본법
280. 비송사건절차법
281. 자연환경보전법
282. 변호사법
283. 기업구조조정투자회사법
284. 전기통신기본법
285. 에너지법
286. 해양생태계의 보전 및 관리에 관한 법률
287. 사회보장기본법
288. 통신비밀보호법
289. 공증인법
290. 물류시설의 개발 및 운영에 관한 법률
291. 청소년활동 진흥법
292. 형의 집행 및 수용자의 처우에 관한 법률
293. 도시공원 및 녹지 등에 관한 법률
294. 태권도 진흥 및 태권도공원 조성 등에 관한 법률
295. 녹색건축물 조성 지원법
296. 우편법
297. 예금자보호법
298. 건설산업기본법
299. 금융회사의 지배구조에 관한 법률
300. 장애인활동 지원에 관한 법률
301. 언론중재 및 피해구제 등에 관한 법률
302. 국가재정법
303. 농지법
304. 게임산업진흥에 관한 법률
305. 정신건강증진 및 정신질환자 복지서비스 지원에 관한 법률
306. 디자인보호법
307. 의료기사 등에 관한 법률
308. 스마트도시 조성 및 산업진흥 등에 관한 법률
309. 내수면어업법
310. 한국주택금융공사법
311. 의료기기법
312. 유통산업발전법
313. 전통시장 및 상점가 육성을 위한 특별법
314. 여신전문금융업법
315. 해외자원개발 사업법
316. 산업교육진흥 및 산학연협력촉진에 관한 법률
317. 빈집 및 소규모주택 정비에 관한 특례법
318. 기업도시개발 특별법
319. 전력기술관리법
320. 국토기본법
321. 지하수법
322. 식품위생법
323. 광업법
324. 호스피스·완화의료 및 임종과정에 있는 환자의 연명의료결정에 관한 법률
325. 주식·사채 등의 전자등록에 관한 법률
326. 표시·광고의 공정화에 관한 법률
327. 골재채취법
328. 국민건강증진법
329. 새마을금고법
330. 여객자동차 운수사업법
331. 마리나항만의 조성 및 관리 등에 관한 법률
332. 한부모가족지원법
333. 국가를 당사자로 하는 계약에 관한 법률
334. 지방자치단체를 당사자로 하는 계약에 관한 법률
335. 축산물 위생관리법
336. 병역법
337. 음악산업진흥에 관한 법률
338. 국가균형발전 특별법
339. 첨단재생의료 및 첨단바이오의약품 안전 및 지원에 관한 법률
340. 공간정보의 구축 및 관리 등에 관한 법률
341. 공유수면 관리 및 매립에 관한 법률
342. 농수산물 유통 및 가격안정에 관한 법률
343. 아시아문화중심도시 조성에 관한 특별법
344. 신탁법
345. 자연공원법
346. 생활화학제품 및 살생물제의 안전관리에 관한 법률
347. 군인사법
348. 국제조세조정에 관한 법률
349. 낙동강수계 물관리 및 주민지원 등에 관한 법률
350. 주민등록법
351. 집합건물의 소유 및 관리에 관한 법률
352. 집단에너지사업법
353. 산림조합법
354. 반도체집적회로의 배치설계에 관한 법률
355. 자본시장과 금융투자업에 관한 법률
356. 담보부사채신탁법
357. 근로자퇴직급여 보장법
358. 국제과학비즈니스벨트 조성 및 지원에 관한 특별법
359. 수도법
360. 식품 등의 표시·광고에 관한 법률
361. 약관의 규제에 관한 법률
362. 인삼산업법
363. 종자산업법
364. 항공사업법
365. 건설기계관리법
366. 군형법
367. 궤도운송법
368. 기술의 이전 및 사업화 촉진에 관한 법률
369. 농수산물의 원산지 표시 등에 관한 법률
370. 담배사업법
371. 석유 및 석유대체연료 사업법
372. 가축전염병 예방법
373. 농어촌정비법
374. 식물신품종 보호법
375. 항공보안법
376. 중소기업창업 지원법
377. 군사법원법
378. 우주개발 진흥법
379. 해저광물자원 개발법
380. 산림복지 진흥에 관한 법률
381. 지능형 로봇 개발 및 보급 촉진법
382. 헌법재판소법
383. 옥외광고물 등의 관리와 옥외광고산업 진흥에 관한 법률
384. 혈액관리법
385. 국제항해선박 등에 대한 해적행위 피해예방에 관한 법률
386. 유료도로법
387. 독립유공자예우에 관한 법률
388. 신에너지 및 재생에너지 개발·이용·보급 촉진법
389. 신용정보의 이용 및 보호에 관한 법률
390. 출판문화산업 진흥법
391. 공항시설법
392. 국민 평생 직업능력 개발법
393. 아동·청소년의 성보호에 관한 법률
394. 방송법쉬
395. 신용보증기금법
396. 화장품법
397. 청소년 기본법
398. 인터넷주소자원에 관한 법률
399. 양곡관리법
400. 도로명주소법
401. 전자문서 및 전자거래 기본법
402. 산업기술의 유출방지 및 보호에 관한 법률
403. 국가기술자격법
404. 양식산업발전법
405. 산업기술혁신 촉진법
406. 새만금사업 추진 및 지원에 관한 특별법
407. 전자정부법
408. 지역 개발 및 지원에 관한 법률
409. 한국농어촌공사 및 농지관리기금법
410. 계량에 관한 법률
411. 기업활동 규제완화에 관한 특별조치법
412. 군에서의 형의 집행 및 군수용자의 처우에 관한 법률

해광출판사 대한민국 법령 시리즈

413. 규제자유특구 및 지역특화발전특구에 관한 규제특례법
414. 금융위원회의 설치 등에 관한 법률
415. 남녀고용평등과 일·가정 양립 지원에 관한 법률
416. 농어업인 삶의 질 향상 및 농어촌지역 개발촉진에 관한 특별법
417. 댐건설·관리 및 주변지역지원 등에 관한 법률
418. 국가유산수리 등에 관한 법률
419. 법원조직법
420. 보훈보상대상자 지원에 관한 법률
421. 부패방지 및 국민권익위원회의 설치와 운영에 관한 법률
422. 과학기술분야 정부출연연구기관 등의 설립·운영 및 육성에 관한 법률
423. 연구개발특구의 육성에 관한 특별법
424. 친환경농어업 육성 및 유기식품 등의 관리·지원에 관한 법률
425. 연안관리법
426. 영화 및 비디오물의 진흥에 관한 법률
427. 신용협동조합법
428. 방송통신발전 기본법
429. 범죄피해자 보호법
430. 가축 및 축산물 이력관리에 관한 법률
431. 국가표준기본법
432. 국가통합교통체계효율화법
433. 범죄인 인도법
434. 국가과학기술 경쟁력 강화를 위한 이공계지원 특별법
435. 국제경기대회 지원법
436. 금융혁신지원 특별법
437. 수자원의 조사·계획 및 관리에 관한 법률
438. 축산자조금의 조성 및 운용에 관한 법률
439. 소방시설 설치 및 관리에 관한 법률
440. 양성평등기본법
441. 축산계열화사업에 관한 법률
442. 수입식품안전관리 특별법
443. 대외무역법
444. 국가연구개발사업 등의 성과평가 및 성과관리에 관한 법률
445. 무역보험법
446. 기술사법
447. 광산안전법
448. 농약관리법
449. 농업·농촌 및 식품산업 기본법
450. 문화산업진흥 기본법
451. 부담금관리 기본법
452. 야생생물 보호 및 관리에 관한 법률
453. 한국은행법
454. 별정우체국법
455. 원양산업발전법
456. 콘텐츠산업 진흥법
457. 한국수출입은행법
458. 외국인투자 촉진법
459. 물류정책기본법
460. 전자서명법
461. 산업발전법
462. 산업표준화법
463. 소프트웨어 진흥법
464. 토지이용규제 기본법
465. 해수욕장의 이용 및 관리에 관한 법률
466. 정보통신 진흥 및 융합 활성화 등에 관한 특별법
467. 정보통신산업 진흥법
468. 지진·화산재해대책법
469. 소금산업진흥법
470. 위치정보의 보호 및 이용 등에 관한 법률
471. 외국법자문사법
472. 이러닝(전자학습)산업 발전 및 이러닝 활용 촉진에 관한 법률
473. 암관리법
474. 실용신안법
475. 가족관계의 등록 등에 관한 법률
476. 무인도서의 보전 및 관리에 관한 법률
477. 감사원법
478. 정보보호산업의 진흥에 관한 법률
479. 결혼중개업의 관리에 관한 법률
480. 공익신고자 보호법
481. 박물관 및 미술관 진흥법
482. 낚시 관리 및 육성법
483. 동산·채권 등의 담보에 관한 법률
484. 임금채권보장법
485. 국민투표법
486. 농림수산업자 신용보증법
487. 국가채권 관리법
488. 중소기업은행법
489. 식품안전기본법
490. 외국환거래법
491. 발명진흥법
492. 건설기술 진흥법
493. 기후위기 대응을 위한 탄소중립·녹색성장 기본법
494. 인체조직안전 및 관리 등에 관한 법률
495. 엔지니어링산업 진흥법
496. 신문 등의 진흥에 관한 법률
497. 식물방역법
498. 석탄산업법
499. 산업융합 촉진법
500. 비료관리법
501. 임업 및 산촌 진흥촉진에 관한 법률
502. 복권 및 복권기금법
503. 대규모유통업에서의 거래 공정화에 관한 법률
504. 뉴스통신 진흥에 관한 법률
505. 지능정보화 기본법
506. 자격기본법
507. 중소기업 기술혁신 촉진법
508. 국가공간정보 기본법
509. 농어업재해대책법
510. 방송광고판매대행 등에 관한 법률
511. 지식재산 기본법
512. 초고층 및 지하연계 복합건축물 재난관리에 관한 특별법
513. 해양 조사와 해양정보 활용에 관한 법률
514. 공간정보산업 진흥법
515. 공공기관의 정보공개에 관한 법률
516. 행정기본법
517. 해상교통안전법
518. 농어업재해보험법
519. 문화유산의 보존 및 활용에 관한 법률
520. 자연유산의 보존 및 활용에 관한 법률
521. 국토의 계획 및 이용에 관한 법률
522. 건축법
523. 국민건강보험법
524. 계엄법
525. 환경친화적 선박의 개발 및 보급 촉진에 관한 법률
526. 해양폐기물 및 해양오염퇴적물 관리법
527. 연안사고 예방에 관한 법률
528. 전기안전관리법
529. 의약품 등의 안전에 관한 규칙
530. 공공보건의료에 관한 법률
531. 군보건의료에 관한 법률
532. 농어촌 등 보건의료를 위한 특별조치법
533. 보호소년 등의 처우에 관한 법률
534. 국가를 당사자로 하는 소송에 관한 법률
535. 간호법
536. 국립묘지의 설치 및 운영에 관한 법률
537. 주류 면허 등에 관한 법률
538. 부가가치세법

*** 해광출판사의 법령 시리즈는 계속 발행 됩니다.**
**** 각 도서의 개정판은 인쇄일을 기준으로 제작 되었습니다.**